西川 馨【編】

住民が運営する住民のための図書館
カナダの図書館

日本図書館協会

はじめに

　この報告書は、1999年に(有)図書館コンサルタントが企画したカナダの図書館見学ツアーの報告書である。このツアーは、図書館員と図書館建築にたずさわる建築家、それに各地で図書館づくり運動を進めている市民の方達が加わったメンバーで、カナダの図書館サービスの現状と図書館建築を見学しようとするものであった。カナダと日本では国情が異なるので一概に比較はできないが、住民に対する積極的なサービスの姿勢は、強く印象に残るものがあった。そのカナダの図書館の現状をできる限り紹介したいと思い、それらを、単なる印象記だけではなく、いくつかの項目毎に整理をして、数人で分担をしてまとめたものである。

　見学に先立って先方に資料請求をして得られたもの、見学の際の説明や質問への答えで得られたものなどを整理し、それに加えて見学の際に頂いて帰った資料を読み込み、不明の点はE-mailやFaxを通じて先方に問いただすなどして正確を期した。しかし、言葉の違いによる壁、国情の違いによる理解の難しさなどで、なかなか満足の行く結果を得ることは難しかった。

　見学対象図書館は、カナダの図書館協会に推薦していただいた幾つかの図書館の内の大部分を網羅することができた。各図書館からはあらかじめ資料を送ってもらい、日本で入手できる資料を加えて、事前にある程度の準備ができた。カナダの図書館は、州によってそれぞれ違うものの、訪ねようとしているオンタリオ州、アルバータ州、ブリティッシュコロンビア州は大変水準の高いサービスを行っており、日本の3〜4倍の貸出量に達していることが事前に分かってきていた。

　振り返って、訪問図書館では、大変親切にもてなしていただいた。一、二を除いて殆どの図書館で、館長自らが資料をそろえて、熱心に説明をしてくれた。そして、その全ての館長、分館長がにこやかに自信に満ちて説明してくれる。わが国では果たして、これだけ堂々とにこやかにもてなしてくれるだろうか。あらかじめ送っておいた質問に沿って、一通り説明を聞き、続いてこちらからの質問に対して丁寧に答えてくれる。話の中に出てくる資料をコピーしていただけないかという願いに対しても、ほとんどのところで快く応じていただいた。

　財政の逼迫で予算削減を求められている話が、方々で聞かれた。民間から、そして利用者からの寄付を受ける運動をほとんどの図書館で進めている。寄付や有料の催し物の収入が全収入の10%近くになっているところもある。そのような事情の中で、私達の見学の申し込みに対して、その時間職員を割く事になるので寄付金を頂きたい、とあらかじめ言ってきた図書館が2箇所あっ

た。バンクーバー・セントラルとリッチモンド・パブリックであった。バンクーバー・セントラルについていえば、あれだけ長時間熱心に案内していただければ、200ドルは決して高くはないとも言えるが。その他の図書館に対しては、図書館計画施設研究所がまとめた"図書館建築22選"を1冊プレゼントに持って行ったのであったが、日本語だけで書かれており、あまり有難くなかったのかもしれないと、いささか気が引けている。今になって考えれば、絵本であれば、言葉の違いを超えて、役立てて頂けたのかもしれないと思っている。

(西川　馨)

参加者氏名

阿部　明美	多摩市立図書館		浜野　和信	日本ファイリング
稲垣　房子	大阪府立中央図書館		細川　博史	図書館流通センター
植松　貞夫	図書館情報大学教授		益子　一彦	三上建築事務所
大澤　正雄	日本図書館協会理事		三上　清一	三上建築事務所
大澤　輝子	お茶の水女子大学附属小学校		水田　桂子	佐賀県武雄市
			吉野　昌子	札幌市南区
小舘　順二	柏市立図書館		渡辺　猛	佐藤総合計画
千竃八重子	大分県湯布院町		片山　睦美	添乗員 東京都中野区
長田美奈子	札幌市南区			
西川　馨	団長 図書館コンサルタント			

各州毎の公共図書館貸出冊数

州　名	人口(万人)	貸出冊数(冊/人)	統計年
プリンスエドワードアイランド	26	4.3	'95
ニューブラウンズウィック	57	4.5	'95
アルバータ	257	10.3	'93
ブリティッシュコロンビア	367	11.3	'95
オンタリオ	1,000	9.8	'95
ケベック	690	4.9	'90
サスカチューワン	100	11.4	'95
マニトバ	72	6.7	'94
ニューファンドランド	57	3.5	'94
ノースウェストテリトリー	6	5.1	'90
ノバスコティア	90	6.9	'95
ユーコンテリトリー	3	5.5	?

"United States Library Statistics"より作成　西川　馨　'99.1

住民が運営する住民のための図書館　カナダの図書館　目次

第1章　カナダ図書館の旅
　　1-1　旅の日々をたどる　　　　　　　　　　　西川　馨 ─── 8
　　1-2　カナダ"多文化"事情　　　　　　　　　　片山睦美 ─── 13

第2章　ライブラリー・ボード（公共図書館の法律・制度）
　　　　　　　　　　　　　　　　　　　　大澤正雄・西川　馨
　　2-1　ライブラリー・ボードとは ─────────────── 16
　　2-2　ライブラリー・ボードの権限と任務 ───────── 18
　　2-3　図書館の予算について ───────────────── 20
　　2-4　広域ライブラリー・システムについて ────── 23
　　2-5　専門職としてのライブラリアン ─────────── 25
　　2-6　カナダの図書館組織 ───────────────── 26

第3章　カナダの公共図書館の児童サービス　　稲垣房子
　　3-1　バンクーバー市立図書館の児童サービス ─── 27
　　3-2　リリアン・H. スミスはどこに？ ──────────── 32
　　3-3　各地の公共図書館での児童サービス ───── 33
　　3-4　まとめ ─────────────────────────── 38

第4章　レファレンス・サービスと広域ネットワーク
　　4-1　トロント市立中央図書館　　　　　　　　　大澤正雄 ─── 40
　　4-2　バンクーバー中央図書館のレファレンス・サービス
　　　　　　　　　　　　　　　　　　　　　　　　阿部明美 ─── 48
　　4-3　インターリンク（広域利用）　　　　　　　阿部明美 ─── 50

第5章　インフォメーション・テクノロジーと図書館利用　植松貞夫
　　　　5-1　図書館利用でのコンピュータの役割 ─────── 53
　　　　5-2　インターネットの負の側面 ──────────── 58

第6章　さまざまなサービス・工夫
　　　　6-1　利用者教育プログラム　　　　　　　阿部明美 ─── 60
　　　　6-2　多文化サービス　　　　　　　　　　阿部明美 ─── 63
　　　　6-3　省力化の工夫　　　　　　　　　　　阿部明美 ─── 66
　　　　6-4　障害者サービス　　　　　　　　　　稲垣房子 ─── 71
　　　　6-5　ライブラリーフレンズ　　　　　　　阿部明美 ─── 77
　　　　6-6　アウトソーシング・カタロギング　　細川博史 ─── 80

第7章　図書館建設の準備およびビルディングプログラム
　　　　　　　　　　　　　　　　　　　　　　　西川　馨
　　　　7-1　時間を掛けた準備 ──────────────── 83
　　　　7-2　絶え間ない将来計画─リッチモンド市の本館建設の例 ── 85
　　　　7-3　図書館拡充戦略プラン　1996〜2000 ───────── 87
　　　　7-4　建築計画書 ───────────────────── 93

第8章　見学図書館報告
　　　　8-1　トロント　レファレンス・ライブラリー　西川　馨 ─── 102
　　　　8-2　リッチモンドヒル　セントラル・ライブラリー　植松貞夫 ─── 109
　　　　8-3　ミシソガ・ライブラリー・システム　セントラル・ライブラリー
　　　　　　　　　　　　　　　　　　　　　　　　　　西川　馨 ─── 114

8-4　カルガリー・パブリック・ライブラリー　シグナルヒル・ライブラリー
　　　　　　　　　　　　　　　　　　　　　　植松貞夫 ──── 120

8-5　バンクーバー・パブリック・ライブラリー　セントラル・ブランチ
　　　　　　　　　　　　　　　　　　　　　　植松貞夫 ──── 125

8-6　バンクーバー・パブリック・ライブラリー　レンフルー・ブランチ
　　　　　　　　　　　　　　　　　　　　　　植松貞夫 ──── 133

8-7　バーナビー・パブリック・ライブラリー
　　　ボブプリッティ・メトロタウン・ブランチ　西川　馨 ──── 137

8-8　リッチモンド・パブリック・ライブラリー　アイアンウッド・ブランチ
　　　　　　　　　　　　　　　　　　　　　　植松貞夫 ──── 143

8-9　トロント大学　ジョン P. ロバーツ・リサーチ・ライブラリー
　　　　　　　　　　　　　　　　　　　　　　西川　馨 ──── 148

8-10 ブリティッシュコロンビア大学　ワルター・コーネル・ライブラリー
　　　　　　　　　　　　　　　　　　　　　　西川　馨 ──── 157

8-11 その他の訪問館
　　　ノースヨーク・セントラル・ライブラリー　阿部明美 ──── 164
　　　カルガリー・フィッシュクリーク・ライブラリー　稲垣房子 ──── 165

索　引 ──────────────────────── 167

表紙・とびら
Vancouver Public Library Central Branch　©Jessica Viola
デザイン：渡辺美知子

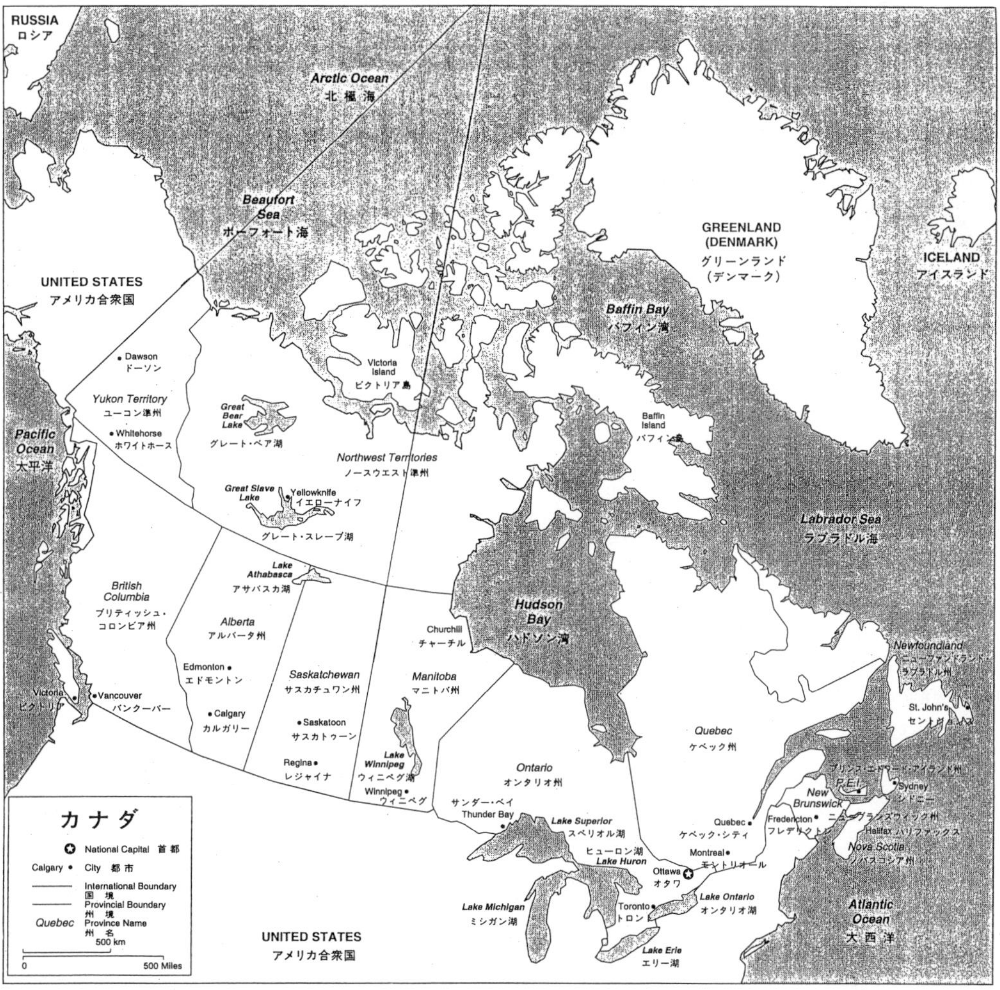

バンフ、ロープウェイで上った展望台より　'990528 西川

第1章 カナダ図書館の旅

■ 1-1 旅の日々をたどる

西川　馨

　一行は添乗員を含み17人。その内訳は、図書館員、建築関係者、各地で図書館づくり運動を進めている人達がそれぞれ約3分の1ずつという構成である。

　どうしてカナダなのか。一つは私自身の経験による。'90年にバンクーバーを訪れた際に立ち寄った、バンクーバーの市立図書館が、大変開放的で、親切であっただけではなく、コンピュータによる家庭からの目録へのアクセスをすでに始めていたことが印象に残っていた。加えて、私達の図書館見学ツアーに、添乗員として何度か一緒に付いて頂いていた片山睦美さんが、カナダに5年ほど住んでおられたので、カナダの情報が得やすいということであった。

トロント

　5月23日(日)。昼過ぎに成田を発つと直ぐに夜になり、短い夜が終わって雲の上を何時間か飛び、12時間後に着いたトロントは、発った日と同じ23日の午後だった。眠り足りない体を運んで散歩に出ると、ビルの前の芝生で可愛いリスが迎えてくれた。トロントの街並みの最初の印象は、大きな建物がゆったりと並びいやに静かである。後で分かったことであるがホテルの周りは官庁オフィス街であり、かつ日曜日であった。

　24日(月)。時差ぼけ解消を兼ねてのナイヤガラ見学。あいにく小雨であったが、瀑布の飛沫に濡れる身には同じようなものであった。帰り道は、古い時代に栄えたナイヤガラ・オンザレイクに寄る。日本の妻籠宿のように古い町を活かした観光地である。途中の遺跡になっている大砲が皆アメリカの方を向いているのが面白かった。

　25日(火)。いよいよ図書館見学である。最初のトロント大学図書館は、辟易するような大きな図書館であった。午後はトロント市立レファレンス(中央)ライブ

ナイヤガラの滝にて

ラリー。ここに来て初めてトロント市の商店街、銀座通りのようなところを通った。賑やかできれいな街並みである。

26日（水）。トロントの北に接するリッチモンドヒル市の図書館に向かう。バスで1時間弱走ったから40～50キロぐらいの距離であろう。その間、私達のバスの走るヤングストリートは真北に向かって一直線である。トロントの開拓時代に作られた軍用道路であるとか。6車線もあろうかというその道路も朝の通勤の車で混雑していた。やがて左前方の丘の上に目指す図書館が見えてきた。この丘は市の名前の由来になっている丘で公共的な建築で大きく広場を囲み、市のシンボルゾーンにするのだという。しかし、まだ図書館が一つ建っているだけである。

午後一番に見学したトロント市のノースヨーク・セントラル図書館は、1998年1月に合併するまでは、ノースヨーク市の中央図書館であったところである。リッチモンドヒルからトロントへ戻って来る中間点ぐらいにあり、旧ノースヨーク市の中央部再開発地区の1画に7階建てで立てられている。再開発地区であるために、平面的にはいささか窮屈であるかもしれない。

午後の後半はトロントの市内に戻って、トロント市のリリアンスミス・ブランチ・ライブラリーである。16世紀からの児童書のコレクションであるオズボーン・コレクションで、羊皮紙に書かれた絵本や、ホーンブックなどを見せていただいた。

トロントの夜はこの日が最後とあって少し早く終わった見学の後は、それぞれ展望台に登ったりしてトロントとの別れを惜しんだ。

カルガリー

27日（木）。午前中にトロントの西隣のミシソガ図書館を見学したその足で、

展望台よりトロント市中央部を見下ろす。中央三日月形の市役所の左の建物が泊まったホテル

カナディアンロッキーの山のひとつ・バスで登る途中

空港よりカルガリーに飛んだ。飛行機は五大湖の中のヒューロン湖、スペリオル湖の上を飛び、人家の見えない畑の上を何時間も飛ぶ。畑の中には、1キロ毎であろうか、碁盤目のように縦横に真直ぐな道路が白く延びている。飛行機から見える限りということは、30～40キロも真直ぐに延びているのだろうか、視界の果てに霞んで消えていた。

カルガリーはロッキー山脈の東麓、カナダの中ではバンクーバーに近い西の方に位置している。カルガリーオリンピックで名前を知っている私達は、スキー場のある山の中にあるものと思っていたが、山並みが遥か向こうに見える平地にあった。牧畜で牛を産する町であったが、石油が採れるようになって急激に発展した都市であるという。人口80万人の大都市である。高層ビルの立ち並ぶダウンタウンは、歩いても廻れるかと思う程度の広さだが、立派な街並みである。冬は気温がマイナス40度にもなるという寒さなので、ビルからビルへ3階ぐらいの高さに空中歩道が掛けられており、冬は外に出なくても、ビルの中の通路を通って遠くまで歩けるのだそうである。

カルガリーでは分館を2つ見学することになっているが、街中を散歩しているとセントラル・ライブラリーがあった。古いビルを継ぎ足し継ぎ足ししたような4階の図書館である。しかし広さは相当にあり、中身はなかなかのものと見受けられた。

われわれを氷河の上に運んでくれたバス

28日（金）。東北郊外のシグナルヒル分館と、南郊外のフィッシュクリーク分館を見学する。両者の間の移動はノンストップのバスで1時間近くも走ってようやく着く。市域は相当に広いらしい。途中大きな公園などがある。3時過ぎ、明日土曜日のカナディアンロッキー観光のためにバンフに向かって出発する。高いほうに向かって走るために右後方にカルガリーの市街地を俯瞰しながらカルガリーを後にする。オリンピックをやったスキー場はこのカルガリーとバンフの途中にあるとのことであった。連日の疲れでほとんどの人が気持ちよく眠ってしまう。2時間ほども走って、目を開いた私達の眼前に、かすかに雪を被ってごつごつと聳える大きな山容が迫ってきた。山並みではなく、平地に突如立っている感じである。次の山、また次の山、そして次第に両側に山が迫ってきた頃にバンフに着いた。小山が重なっている日本の山とはあまりにも違う。

　29日（土）。リッチなリゾートホテルに1泊して、カナディアンロッキーの観光である。地球の大きな力で引き裂かれた姿そのまま、といった感じの巨大な山容を右左に見ながらバスで登っていくと、森林限界線が目の高さになり、それも通りすぎてしまう。やがて山と山の間の鞍部から押し出されてきた氷河の断面が目の前に見えてくる。その一つの、観光用に許されているアサバスカ氷河の上を歩くことができた。その上に立ってみれば、春の残雪と変わらないようなものであったが。

バンクーバー

　30日（日）。カルガリー空港からバンクーバーへ飛ぶ。カナディアンロッキーを上空から見られるかと期待したが、あいにく雲に被われていた。昼過ぎに薄曇りのバンクーバー市内をバスで一回りする。ビクトリア公園には石楠花が真っ盛りに咲いていた。日本に見る石楠花は赤一色だと思っていたが、ここで

白に紫の斑の入った石楠花

バンクーバー・ビクトリア公園にて

は白あり薄紫あり、白に赤の斑の入ったものあり、日本のツツジのように色を競い合っている。公園の中はウエディングドレスを着た結婚式の流れらしき人達や、家族連れで賑わっていた。バスの終わりは免税店で、ほとんどの人はそこで、近づいてきた帰国に向けてお土産を買ったようである。

31日（月）。午前中は、UBC大学図書館見学。朝早い9時から図書館・情報学部のドクター・アン・カリー先生に1時間の講義と質問の時間を予約してあった。カナダの図書館事情全般について話が聞けると予想していたのが、アン・カリーさんの専門は図書館建築で、しかも建築の素人の立場からと断って、建築デザインの思想の流れをスライドでレクチャーしていただき、建築家メンバーにとってはいささか肩透かしを食った感があった。

午後はいよいよバンクーバーの新しい中央図書館の見学である。一行の多くの人は、ローマのコロッセウムそっくりといわれる形の図書館を、日本にいる時から写真やその他で知っており、今回のツアーの目玉でもあった。

6月1日（火）。バンクーバーの東隣のバーナビー図書館見学。行きがけに、少し回り道をして、サイモンフレーザー大学の図書館を外観だけ見ることができた。これは、当初カナダ図書館協会から推薦していただいた中に入っていたが時間の都合で割愛せざるをえなかったものであった。バーナビーの図書館長さんは2年前まではカナダ図書館協会の会長をしておられ、私達に最初に見学図書館を推薦してくださった当人である。時間があれば、もっといろいろなことが聞けたであろうに、残念であった。午後はバンクーバー市のレンフルー分館を見学。午後の早いうちに終わって、皆それぞれに市内に散って行く。再びバンクーバー・セントラル・ライブラリーに行った人が多かったようだ。

6月2日（水）。バンクーバーの南隣リッチモンド市の図書館本館と、アイアンウッド分館を見学。午後は自由時間となり、各自バンクーバーに名残を惜しんだ。この時もバンクーバー・セントラル・ライブラリーに足を運んだ人が多かったようである。

その夜、一行は日本食でお別れパーティーをしてすっかり盛り上がった。10日余りのうちに、お互いの名前や多少の癖までも分かって、すっかり親しくなってきていた。

6月3日（木）。3時、日本に向けて出発。成田着は、6月4日（金）の午後であった。

途中外観だけ見ることができたサイモンフレーザー大学図書館

最終日、バスの中の全員

■ 1-2 カナダ"多文化"事情

片山睦美

レトロとポストモダンをつなぐ
ガスタウンの蒸気時計（バンクーバー）

　図書館の専門家でもないただの一利用者である私が、図書館先進国の米国や北欧の図書館視察ツアーに、通訳兼添乗員で出かけること5回。最初の2回はアメリカ各地の図書館を、次の2回は北欧の図書館を見てきた。そして今回は、私の第二の故郷ともいえるカナダの図書館訪問の機会を得た。各図書館の訪問記や専門的な解説は参加者の皆様にお任せするとして、私は今回訪問したカナダの歴史的背景や文化的側面を少し紹介したいと思う。図書館の背景には必ずその地域の住民がいるわけで、その国の事情がわかればカナダの図書館を理解する上で多少の手助けにもなるのではと思う。ただし「カナダ事情」と銘打ってはみたが、ご存知のように日本の27倍という広大な国土を抱えるカナダは、州が違えば生活や文化事情もかなり違う（特にケベック州）。歴史的事実は別として、本文は5年間バンクーバーに滞在した私の視点による「カナダ事情」であることを予めお断りしておく。

　今回訪問したトロント、カルガリー、バンクーバーはカナダの航空会社や観光業界にとって「ゴールデンルート」と呼ばれるドル箱路線。この二都市に限らず、カナダの中～大規模の都市はほとんどすべてアメリカ国境近くに位置している。つまりカナダは隣に「超大国」（カナダ人は『ビッグブラザー』と呼んでいるが）を控えているため、常にその影響を歴史的にも社会的にも大きく受けてきた。ちなみにカナダ人が一番嫌うことは「アメリカ人と間違えられること」であるのでご注意を。

　今日のカナダは隣国アメリカ同様に多様な移民で成り立つ社会だが、その有り様はかなり違うように思う。アメリカは「星条旗のもとでアメリカ人となること」を要求するが、カナダは各自のルーツであるそれぞれの母国の文化維持に援助をするというように、国家としては非常にゆるやかな連帯の国であるようだ。カナダの憲法には「権利と自由の憲章」があり、この憲章に基づきカナダ政府は1988年、民族的出自による差別を禁止し、それぞれの文化を保持できるようにと「多文化主義法」を採択した。この国是のもと、さまざまな民族が移り住み、異なる価値観や生活様式を持つ人々が自己主張しながらも、相手との違いを尊重しひとつの社会を創りあげていくという壮大な実験をおこなっているのがカナダである。もちろんホンネの部分では偏見を持つ人も見受けられたが、表の部分では人種差別は絶対悪とされ、公的な立場の人にとって「人種差別者」とのレッテルが貼られるのが最大の汚点となる社会である。国連の調査による「最も住みやすい

国」に選ばれ生活水準も豊かな半面、ケベック州の独立問題という火種を抱え、先住民族と政府の土地の帰属問題、新移民と住民との摩擦など、多文化社会ならではの問題も多い。

今回の視察先であるトロントやバンクーバーは典型的な多民族都市である。両都市ともイギリス系の町であったのだが、第二次大戦後から非イギリス系移民が流入し、これらのモザイク都市では英語がもはや少数派言語になりつつある。バンクーバー空港にある先住民族の巨大なトーテムポール、街中で数多く目にする漢字の看板、チャイナタウンはもとより、大規模なイタリア人街、ギリシャ人街、ユダヤ人街…どこの大都会でも民族の見本市のようである。カナダは多くの移民にとって運命を試す場所であるために、移民や異文化の人に対するサービスには心を砕いている。このような多文化を保護する政策に、図書館の有り様も大きく影響を受けているといえよう。

それにしても日本にはカナダの情報が少ない。北米ということでアメリカと一緒に語られることも多い。「赤毛のアン」、ナイアガラの滝、ロッキー山脈だけでカナダを知るにはあまりに役者不足だ。ケベック州を別とすれば確かにアメリカとの共通点も多い。英語圏であること、支配層の人種は英国系白人であること、実生活でもテレビ番組、小説、雑誌、新聞、映画、ポップミュージックもアメリカのものがほとんどである。スポーツでも国技のアイスホッケーをはじめ、野球やバスケットボールも米加の選手が国内チーム同士のように戦っている。国際電話の国別コードもアメリカと同じ、とアメリカの影響は大きいが、しかしだからこそカナダの独自性を出そうと躍起になっているのかもしれない。カナダはアメリカに比べると政府の権限が強く、また個人の自由よりも社会全体の利益を考える国家のようだ。税金が高い分だけ社会保障が手厚い北欧式である。もっとも最近は予算の関係で福祉は後退する一方のようだが。

カナダの諸都市には歴史の重みはあまりないけれど、反面、進取の気性に富み、無国籍風、フュージョン（融合）といった風潮が受入れられやすい土壌がある。移民などの新参者でも暮らしやすい寛容度の高い、懐の広い街だ。カナダ人の国民性を尋ねられても、漠として曖昧で、定義しにくいが、良くも悪くもおっとりしている。派手さはないが、建国以来大自然と共存しながらも開拓を続けてきたエネルギーとモザイク社会のパワーがある。また一般的に精力旺盛、意気軒昂なアメリカ人にくらべ、カナダ人は控えめで物静か、ナイーブな感じを受ける。これはアメリカのように独立戦争を経ずに英連邦に留まりカナダ連邦を結成（1867年）、現在もまたビッグパワーの隣国に、社会的にも文化的にも同化されているような状態がカナダ人気質を形成するのだろうか。

21世紀は今まで以上に世界が狭くボーダーレスの社会となり、他民族との共存の時代になってくるだろう。そのときにはカナダのように多様な文化に寛容な社会がお手本になるのではないかと、カナダファンの私は密かに楽しみにしている。

第2章 ライブラリー・ボード（公共図書館の法律・制度）

大澤正雄・西川 馨

アメリカにあるライブラリー・ボードがカナダにもあるということは、出発前の予習で分かっていた。が、見学先で予想以上に何度もライブラリー・ボードという言葉を聞かされ、どうもライブラリー・ボード抜きにはカナダの図書館は語れないらしいとの実感を抱かされた。

例えば、リッチモンド市では、14年前にライブラリー・ボードが市に働き掛けて中央館の建設を決定し、長い時間を掛けて建設の準備をしている。ミシソガ市では、市からの人員削減の要請をライブラリー・ボードが抵抗し、他の部分の図書館予算を削減することによって、人員は減らさなかった。カルガリー市の中でも人口急増地区であるフィッシュクリーク地区では、ライブラリー・ボードと住民が一緒になってなって議会や政治家に働き掛け、1980年代の財政困難の中にあって、相当規模の図書館の建築を実現することができた。その他の市でも図書館の設計者を選ぶについては、ライブラリー・ボードが市の職員の協力を得て選定にあたっている。

見学が進むにつれて、カナダの「公共図書館が完全に住民のほうを向いている」ことが見えてきた。それを実感するほどに、ひるがえって何故日本ではこうならないのかという疑問になって返ってくる。

カナダでは「図書館の職員が市役所の人事に取りこまれることなく、独立性を保っている」「図書館の財政が市役所からある程度独立しているらしい」。その結果、「図書館の運営が住民の意向を反映すべく常に努力をしている」「職員の専門性が大変よく機能している」ことが分かってきた。また、図書館が長期的な計画を持つことができ、図書館長と職員が一体となってさまざまな工夫を重ね、サービス向上に努力することができるのは、その制度的背景が違うことによるのではないのか。

■ 2-1 ライブラリー・ボードとは

　図書館を運営しているのは、図書館長ではなくライブラリー・ボードであるらしい。カナダでは州毎に法律を制定している。トロントのあるオンタリオ州とバンクーバーのあるブリティッシュコロンビア州の図書館法(Library Act)を取り寄せて調べてみた。

	オンタリオ州	ブリティッシュコロンビア州
設立	自治体の議会は条例により公共図書館を設立することができる 条例が可決された時は議会事務局は直ちにその写しを大臣に届けなければならない (3条)	自治体は条例によって、自治体図書館を設立することができる 条例が採択された時は、議会はその写しを大臣に送付しなければならない (3条)
ライブラリー・ボード	公共図書館はその自治体の名を冠した〇〇パブリック・ライブラリー・ボードの管理とコントロールの下に置かれなければならない (3条) 人口10万人未満の自治体のライブラリー・ボードは議会により指名され、9名以上15名以下のメンバーで構成される 以下の方法でライブラリー・ボードにスクール・ボードの代表者を出す ライブラリー・ボードのメンバーのうち2名はボード・オブ・エデュケーションにより推薦され、1名はセパレート・スクール・ボードによって推薦される ライブラリー・ボードのメンバーとなるための資格は、	自治体の図書館はその自治体の名を冠した〇〇ライブラリー・ボードによって管理される (4条) ライブラリー・ボードは5名以上13名以下のメンバーによって構成され、以下のように選出される (a)自治体議会より1名 (b)他のメンバーは住民の中から、議会議員、自治体職員、ライブラリー・ボード職員でない者 指名決議は毎年12月の最初の定例議会でなされる 議会はライブラリー・ボードのメンバー指名決議をなす前に、新聞により周知してメンバーへの応募を募らなければならない (5条) 任期は、議員より選出されたメンバーは1年、その他は半数ず

	(a)18歳以上 (b)カナダ人 (c)その自治体の住民 (d)ライブラリー・ボードの職員、議会の職員、自治体の職員でないこと（以上9条） 指名権を持つ議会からのメンバーの数はボード・メンバーの半数未満でなければならない ライブラリー・ボードのメンバーの任期は、指名権を持つ議会の任期と同じとし、再任もありうるものとする 議会成立の最初の定例議会において新しいライブラリー・ボードのメンバーを指名しなければならない（10条） ライブラリー・ボードに欠員が生じた場合は議会又は自治体の事務局は、新聞又はそれに変わる周知の手段で、欠員・応募の受付を公表しなければならない（11条）	つ入れ替わって2年任期とする 再任は可能とする。ただし8年以内 議会はライブラリー・ボードの報告を受けて罷免することができる。その理由としては(a)(b)(c)—省略（6条）

　すなわち、図書館は条例に基いて議会が設立する。図書館はライブラリー・ボードによって運営・管理され、そのライブラリー・ボードは、公募を経て議会が指名する。そこには市長以下の行政機関は関与していないし、ライブラリー・ボードを指名・監督するのは議会ということになる。

　ブリティッシュコロンビア州（B.C.州）では1994年に現在の法律に改正になっているが、それ以前の法律では、「人口5,000人以上の自治体では100名以上の署名をもって図書館設立の要望書が提出された場合は、議会は条例案を作成し、住民投票により賛否を問わなければならない（16条）。

　（住民投票の結果）有効投票の3/5以上の賛成が得られた場合は、議会は条例を採択し奇数名のライブラリー・ボードのメンバーを指名しなければならない。そのライブラリー・ボードは図書館を管理し、規則を作り、コントロールする権限を持つ。（18条）」となっていた。

　住民の請求による住民投票という制度は、1882年にでき、カナダの図書館発展に大変貢献したＦｒｅｅ

Library Act（無料図書館法）の流れを汲むものであるが、一時期十分に機能したものの、近年は住民投票の賛成率は高いものの、投票率が極端に低かったりして、かえって図書館設置のブレーキになる例が多かったために、変えられたものであるという。しかし、そのような歴史的背景があるということは、現在の法律の中にも住民の直接請求による直接民主主義的な考えが引き継がれていると見なすことができるであろう。

■ 2-2 ライブラリー・ボードの権限と任務

ライブラリー・ボードの権限と任務について図書館法は以下のように規定している。

	オンタリオ州	ブリティッシュコロンビア州
ライブラリー・ボードの権限と任務	ボードは必要に応じて職員を採用または解雇すること、職員の採用期間、報酬、権限を決めることができる	ライブラリー・ボードは (a)職務を遂行するための、あるいは施設利用、サービス提供のための規則を作ることができる
	ボードは図書館長を指名しなければならない。図書館長は公共図書館およびその職員の運営を監督・指示しなければならない。また、ボードの会議に出席し、ボードが随時付与する職務を果たさなければならない	(b)職務を遂行するために必要な小委員会を指名することができる (c)図書館長を指名することができる (d)職員を採用、罷免、採用期間、報酬、職務を決めることができる (j)大臣に認められた書式で報告書を作成し、その写しを大臣に送らなければならない（9条）
	ボードは秘書を指名しなければならない その秘書は(a)ボードとしての公式の応対をし、(b)会議の時間管理をする	ボードは少なくとも年6回の定例会議を持たなければならない（8条）
	ボードは会計係を指名しなければならない	図書館長は自治体図書館および職員を監督し指示する
	ボードから指名された図書館長が秘書、会計係を兼ねること	図書館長はライブラリー・ボード

ができる（15条） ボードは1月から6月、9月から12月の間は少なくとも月1回の会議を持たなければならない 他の法律のいかんに関わらず、ボードの会議は公開にしなければならない（17条） ボードはメンバーが職務を遂行するため必要な旅費やその他の出費を支出することができる（18条） ボードは議会の同意を得て以下のことをすることができる (a)ボードの目的のために必要な土地を購入、賃借、収用する (b)建物を新築、増築、交換する (c)図書館として必要な大きさ以上の建物を取得して、余った部分を賃貸する　(d)ボードの目的に必要でなくなった土地建物を売るまたは貸す（19条） ボードはコミュニティの独自のニーズを反映しながら、幅広い効率的な図書館サービスを提供するように努めなければならない（20条） ボードは図書館の入館、図書資料の利用に料金を課してはならない（23条）	の秘書の役割を担う 図書館長はライブラリー・ボードが随時与える権限を持つ（12条） ライブラリー・ボードのメンバーは彼らのサービスに対してボードから支払いを受けることはできない。ただし、必要な旅行その他の出費に対しては弁済される（55条） ライブラリー・ボードは以下のことに料金を課してはならない (a)図書館の目的のために図書館に入る (b)図書館資料の利用 ライブラリー・ボードはこの条で無料と定められている以外のサービスに対しては料金を課することができる。それには自治体の住民以外の人の利用も含む（46条） ライブラリー・ボードは下記のものと契約を結ぶことができる (a)他のライブラリー・ボード　(b)自治体　(c)リージョナル・ディストリクト　(d)(e)略（48条）

　ライブラリー・ボードは図書館の運営管理に全責任を負う。運営方針を立て、職員を雇用し、規則を作る。土地や建物の取得、所有、管理もライブラリー・ボードの責任である。

　日本で言えば、設置者である市長の権限の半ばと、図書館長の権限を兼ね備えているようなものである。そこでは図書館長はライブラリー・ボードの執行責任者的な立場になる。

■ 2-3 図書館の予算について

　図書館の予算に関しては法律では以下のように記してある。

	オンタリオ州	ブリティッシュコロンビア州
ライブラリー・ボードの会計	ライブラリー・ボードは会計係を指名しなければならない。その会計係は (a)ボードの全ての金を受け取り、会計をする (b)ボードが承認した銀行に口座を開く (c)省略 (d)ボードが指示する支出を行う (15条) ボードは指名議会に対しライブラリー・ボードが年間必要とする金額を積算し提出しなければならない 提出され、議会によって修正されまたは修正されずに採択された予算額はライブラリー・ボードによって受け入れられなければならない。その予算額はその目的に沿って適切にボードに支出されなければならない 上記によって支払われた金額は積算され、議会で承認された予算書に基づいて用いられなければならない (24条)	ライブラリー・ボードは3月1日までに、図書館サービスを提供するのに必要な年間予算案を議会に提出しなければならない。議会は、修正を加えまたは修正を加えずに、提出された予算案を承認しなければならない ライブラリー・ボードの要請により、議会は一旦承認した予算案の修正をすることができる 議会は自治体の予算の中に図書館予算を含ませなければならない 自治体の会計係は定められたスケジュールにしたがってライブラリー・ボードに支払わなければならない (10条) ライブラリー・ボードは予算を受け取る主体となり、以下の支出を全面的にコントロールする (a)議会から支払われる全ての金 (b)ライブラリー・ボードに与えられた(寄付のことか)全ての金 (c)以下を含む全ての歳入・料金・罰金・破損を補うために徴収した金
補助金	(図書館法に付随する)規則976 パブリック・ライブラリーへの(州からの)補助金 法30条による補助金を出すための条件はその図書館は (a)法23条に規定する貸出用の図書館資料を用意していること	自治体と同じ様式、同じ監査を経て決算書を作成しなければならない (11条)

	(b)法37条に規定する報告書および情報が大臣に提出されていること（1条） 法23条に規定される種類とは以下である 1. ハードカバー、ソフトカバー、ペーパーバックの本 2. 定期刊行物 3. 新聞 4. 身障者のための音声資料 5. 音声レコード 6. オーディオ・ビデオ・カセット 7. テープレコード 8. ビデオディスク 9. 動画 10. フィルム 11. リール・フィルム 12. マイクロ資料 13. コンピュータ・ソフトウェア 14. マルチメディア装備 （Multimedia Kits）	大臣の指名するパブリック・ライブラリー・サービスのディレクターは、立法府によって承認された州内図書館支援のための補助金総額を配分する（51条）

　カナダでは税金を集める権限は議会にある。上記に見るように、図書館予算はアメリカの一部で行われているように、図書館単独の目的税で賄われているのではなく、市全体の歳入の中から議会によって承認されて決められている。見学の中でのヒヤリングでは、固定資産税の中から（一定割合であるかどうか分からなかったが）ある枠を取って図書館予算に当てているようであった。

　両州とも州からの補助金が支給されている。それぞれの図書館予算の7％前後であったようである。

　カナダは全国的に図書館利用無料の原則は守られているが、基本的な図書館利用以外のサービスには課金してもよいことになっている。延滞料はどこでも厳しく取っている。また近隣の自治体の住民に対しては料金を取っているようである。延滞料や住民、企業からの寄付金が図書館予算の10％にもおよぶところがある。

　以下に見学した図書館の年間収入の数例を示す。＄はカナダドルである。

5都市図書館の収入の内訳

都市名	年	自治体（税）	州の補助金	延滞料など	寄付金	その他	合計
バンクーバー	97	26,003千$ (82.5%)	1,000千$ (3.2%)	1,300千$ (4.1%)	1,100千$ (3.5%)	1,800千$ (5.7%)	31,490千$ (100%)
ミシソガ	97	12,723 (91%)	644 (4.6%)	600 (4.3%)	0	0	13,967 (100%)
リッチモンドヒル	97	3,040 (84.7%)	110 (3.1%)	94 (2.6%)	15 (0.4%)	300 (8.4%)	3,589 (100%)
バーナビー	98	5,657 (77.4%)	371 (5.0%)	490 (6.7%)	510 (7.0%)	283 (3.9%)	7,311 (100%)
リッチモンド	97	4,313 (86.8%)	414 (6.9%)	243 (4.9%)	0	0	4,970 (100%)

州からの補助金＝図書館を特定＝使途も指定（例えば、コンピュータの設置）
市からの財源は基本が固定資産税で人件費及び資料費等にあてられる。
その他上乗せ財源としては住民投票で決定した住民税（目的税）をあてる場合がある。

バンクーバー市の図書館予算

歳入	1998	1997
バンクーバー市より	$26,380,700	$26,303,800
州政府補助金	1,036,100	1,020,900
寄付金	618,300	1,119,400
延滞料等	1,255,300	1,288,300
その他	1,929,000	1,012,100
合　計	31,219,400	31,744,500

歳出	1998	1997
給与・手当等	21,157,600	20,766,200
資料・物品	3,896,200	3,788,800
維持管理	3,715,900	4,427,700
その他	2,423,400	2,751,500
合　計	31,193,100	31,734,200

■ 2-4 広域ライブラリー・システムについて

図書館法では次のように記してある。

	オンタリオ州	ブリティッシュコロンビア州
ユニオン・ライブラリー リージョナル・ライブラリー	ユニオン・パブリック・ライブラリーを設立するために、2つまたはそれ以上の自治体は契約を結ぶことができる 上記の契約書にはユニオン・パブリック・ライブラリーの設立、運営、維持のためのコストの分担割合を明記しなければならない ユニオン・パブリック・ライブラリーはユニオン・ボードのコントロール下に置かれなければならない ユニオン・パブリック・ライブラリーが成立した時はそれに含まれる自治体のライブラリー・ボードは解散される ユニオン・パブリック・ライブラリーが契約によって成立した時は、事務局は直ちに大臣に届けなければならない（5条）	2またはそれ以上の自治体は条例により相互に契約し、州議会にリージョナル・ライブラリー・ディストリクトの設立を要請することができる 発効した契約書を受け取り、州議会はリージョナル・ライブラリー・ディストリクトを設立することができる（14条） リージョナル・ライブラリー・ディストリクトはその名前を冠したリージョナル・ライブラリー・ディストリクト・ボードによって管理されなければならない（15条） 以下省略（各構成自治体の人口をもとにボードのメンバー数と、費用負担を定めている）
図書館連合		2あるいはそれ以上の数のライブラリー・ボードは図書館連合（Library Federation）を設立する契約に加入することができる 上記の契約は大臣の承認を経て効力を発する 契約は以下の事項を含まなければならない (a)協力して図書館サービスを提供するための計画 (b)連合ライブラリー・ボードの設立 (c)(d)略 (e)連
カウンティ・ライブラリー	カウンティを構成する2/3以上の自治体の議会決議をもって設立の請求があったときはカウンティは条例をもってカウンティ・ライブラリーを設立することができる カウンティ・ライブラリー設立後、加入していない自治体から加入の申し込みがあれば、いつで	

大臣の直接サービス	もカウンティは契約を結び、条例を修正することができる カウンティ・ライブラリーが設立されたときは構成する各自治体のライブラリー・ボードは解散する カウンティ・ライブラリーはそのカウンティの名を冠したカウンティ・ライブラリー・ボードの管理とコントロールの下に置かれなければならない（7条） 大臣はオンタリオ・ライブラリー・サービスを設立することができる（31条） （このオンタリオ・ライブラリー・サービスは人口希薄のところなどに州が直接図書館サービスをするものである）	合の年間予算　(f)略　（49条） ライブラリー・サービスを受けられないと考えられる地域に対して、大臣は直接ライブラリー・サービスを提供することができる（50条）

　以上に見るようにオンタリオ州では、自治体図書館（または2つ以上の自治体で作るユニオン・パブリック・ライブラリー）と広域のカウンティ・ライブラリーの2本立て、B.C.州では自治体図書館（または2つ以上の自治体で作るリージョナル・ライブラリー）と相互協力組織である図書館連合の2本立てとなっている。オンタリオ州のユニオン・ライブラリー、B.C.州のリージョナル・ライブラリーは、複数の自治体が負担金を出し合って一つの広域図書館を作ろうとするもので、一方、図書館連合は、複数の自治体図書館が相互協力体制を作るものである。バンクーバー周辺の地域で機能しているインターリンクは図書館連合に相当するものである。いずれの場合も、それぞれのライブラリー・ボードが置かれ、そのボードが図書館を管理する。

　州毎のライブラリー・システムやカナダ全体のナショナル・ライブラリー・システムは存在しない。イギリスのように、国全体でライブラリー・システムを構成しているのではないかと想像していたのであったが、考えてみれば、国土が広すぎるために、州毎ですらシステムを機能させるための交通手段が追い付かないのかもしれない。また国立図書館はあるにはあるが、日常的な相互協力にはあまり役に立っていないように見うけられた。大都市周辺では図書館の相互協力体制がそれぞれにできていて、機能している。

■ 2-5 専門職としてのライブラリアン

図書館職員の職種は以下のようになっている。

ライブラリアン(Librarian)	図書館の総合専門職で日本の司書よりもはるかにレベルが高い
ライブラリー・テクニシャン(Library Technician)	図書館の仕事について技術的な能力を備えた人
クラーク(Clerk)	事務職員であるが、Public Serviceと呼ばれてサービス部門に出ることがある
ページ(Page)	図書を揃えたり運んだり、単純な手伝いをする

それぞれ職分が明確に分けられていて、例えば、本の内容に関する質問にはライブラリアン以外は答えてはならない決まりになっている。さらにライブラリアンは次のように6つのクラスに分けられている。

L1 大学修士課程卒
L2 チームリーダー格、管理能力が求められる、経験5〜6年程度
L3 副館長クラス、経験最低10年
L4 地域館館長クラス
L5 中央館長クラス
L6 巨大図書館長クラス(巨大図書館の場合、職員に対する管理能力が求められるので企業の経営者から選ぶこともある)

ノースヨーク図書館の例として聞いた話では、図書館職員は全て組合(ユニオン)に入っていて、ポストがあいたり、新しいポストができたりすると、まず組合に情報が入り、組合の中で希望者を募る。

ライブラリアンの教育
カナダはアメリカの教習課程を参考にしながら発達してきたが、1975年からライブラリアンの最低資格は大学修士課程卒業のMaster of Library Scienceが条件とされた。すなわち、大学の学部課程を卒業した後に、修士課程の図書館学科に入学して2年間学ぶことになる。アメリカでは1年間学習のところもあるが、カナダでは2年間を堅持している。図書館学科を持つ大学は現在7大学ある。

一方、ライブラリー・テクニシャンの資格は、高校卒業後コミュニティ・カレッジや短大で2年間学ぶことで得られる。経験や通信教育でも取得可能である。
(この項、「カナダの図書館員教育」白井澄子『情報の科学と技術』1990.3を参考にした)

図書館法の中の図書館長の専門職規定
現行図書館法の前の図書館法では図書館長はライブラリアンの有資格者と明記されていた。

先に掲げた2つの州の図書館法では、図書館長がライブラリアンであるべきことの規定がなくなっている。元

ノースヨーク図書館のライブラリアンであったアンドリュー・デュアー氏(桜の聖母短期大学図書館学教授)によると、巨大図書館の館長に企業の経営者などを登用することがあるために、あえて削除したのではないかとのことである。現実には、トロント、バンクーバーを含め訪問図書館では全てライブラリアンであった。

■ 2-6 カナダの図書館組織

カナダの公共図書館を運営しているのはライブラリー・ボードであることは第1節で記した。ライブラリー・ボードが図書館長を任命して、図書館長が実務的に日常の運営に当る。

バンクーバーの職員である土佐ゆき子さんからのヒアリングによるバンクーバーの図書館組織を一例として以下に示す。

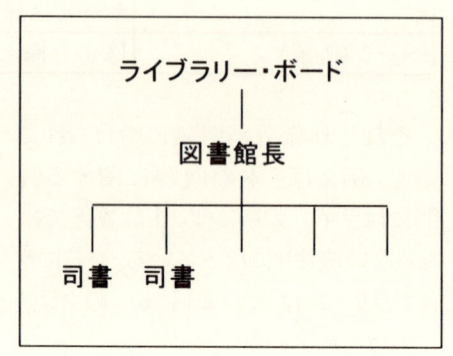

図書館長(Library Director)の下に以下の各部門のHeadがいる。
- Human Department Director (人事部、市から派遣)
- Public Relations Head (広報部)
- Finance Department Head (財務課)

ここまでのHeadは事務職員、これから下はライブラリアン。
- Central Library Head (中央図書館)
    Branch's Head (分館を統括する)
- System Librarian
    Acquisition Head (受入部門)＋assistant 30名
    Catalogue Head (目録部門)＋supporter 25名
    Computer Head (コンピュータ部門)＋assistant 6名
        OPACの管理、Module Design (システムの各部のデザインなどを管理する)、Circulation (貸出)などの仕事をする
- Children's Section and Community Library Technical Services
    (児童部門は独立、地域図書館の児童サービスとも連携)
        Catalogue (目録部)
        Preparation (資料の装備や配架)
        Bindery (製本部＝技術者がいて館内で製本をおこなっている)

第3章 カナダの公共図書館の児童サービス

稲垣房子

　カナダの児童サービスは児童サービスに携わる図書館員にとって、リリアン・H.スミス[*1]の名と共に記憶されている。トロントを訪れる機会があれば、オズボーン・コレクション[*2]を一度は見てみたいものと、考えていた。今回の来訪に際して、カナダ公共図書館の関係資料にあたるうちに、リリアン・H.スミスの世界がどこまで、現在のカナダ公共図書館に残っているか、大変心配になってきた。というのも、高福祉社会の公共サービスとして位置付けられてきた公共図書館も、全国レベルの行政改革の嵐の中で、劇的な変化をとげているということが、しだいに分かってきた。その揺れ動く公共図書館の児童サービスを報告したい。今回訪れた公共図書館では、トロント・レファレンス図書館以外は、勿論全ての図書館で児童サービスをしていた。その中でも、一番規模が大きく、充実した児童サービスを実践している、バンクーバー市立図書館の児童サービスを報告する。

■ 3-1 バンクーバー市立図書館の児童サービス

児童サービスの組織

　分館を含めたバンクーバー市立図書館は、大変大きな組織であり、児童サービスはひとつのセクションとして、成人サービスから独立して、位置付けられている。児童部門と地域図書館サービス(Children's Section and Community Library Technical Services)の部長(Head)のもとに児童室(Children's Library)室長と司書3名とライブラリー・テクニシャン(library technician)1名がいる。室長と司書は

[*1] 1912年からトロント公共図書館で児童サービスを始める。児童に読書の喜びを広め、後進の育成にも努力した、児童図書館員の先駆者。『児童文学論』(岩波書店、1964年)が石井桃子らによって訳されてから、日本の児童図書館サービスにも多大な影響を与えた。
[*2] リリアン・H.スミスの児童サービスに感銘を受けたイギリス人オズボーン夫妻が貴重な児童書のコレクションを1949年トロント公共図書館に寄贈した。

librarian[*3]の資格がある。技術サポートするライブラリー・テクニシャンは4年制大学をでている。分館の17名の児童サービス司書もここに統括される。分館は21あるが児童サービス担当がいるのが17館。児童サービス担当者は、定期的に集まって資料収集や行事企画の会議をする。私達を案内してくださった日系カナディアンYukiko Tosa（土佐ユキコ）さんは現在は分館のひとつで勤務し、週に1度ほど中央図書館で仕事をしており、中央館にもデスクがある。Yukikoさんは児童図書館視聴覚担当司書（Children's Library AV Librarian）という肩書をもち、中央館の児童向け（ヤングアダルトを含め）AV資料の選択をひとりで担当している。

児童室の配置・構成

中央エントランスは2階にある。正面右手の返却カウンターをぬけてゲートを入ると、左手は若い人のコーナー（Youth Collection）がある。その横の階段を降りると1階の児童室（Children's Library）がある。閲覧室は上階から吹き抜けなので、大きな竜のモビールが吊り下げてある児童室を2階から見おろすことができる。地下層にもみえるが、外光が入るので、随分明るい。

カナダの公共図書館の中でも最大の規模と質を誇っている、大きな児童室で、資料も組織的に収集されている。44,000の本と、7,000のペーパーバック、106の雑誌、2,600のビデオ、2,600のオーディオ・カセットなどがある。音楽CDやCD-ROMも増えてきている。フランス語の本が3,500、フランス語のAV資料が500。その他の言語の児童書は2階の多文化資料のコーナーにかなりの数で配架されている。

児童室への階段を降りると、右手に、児童図書館員の常駐する円形のカウンター（The Children's Library Service Desk）がある。カウンター前にOPACが成人用（4台）と子ども用（4台）があり、いつも利用されている。子どもの本は部屋の中央の11本の扇形低書架に並んでいる。南壁ぎわに5つのくぼみがある。低い柵に囲まれた子どもと親のためのじゅうたんコーナー（Preschooler & Parent Lounge, Toddler Play Area）。子どものコーナー（Kids' Lounge）にはコンピューターが配置され、子どもが保護者と一緒にCD-ROMのゲームなどを楽しんでいる。小さな展示コーナー（Exploration Galleries）は、"PETS"や"ANCIENT EGYPT"というテーマで、本や写真などが楽しくディスプレイされている。

中央カウンターの向かって右側

児童室部分概略平面図

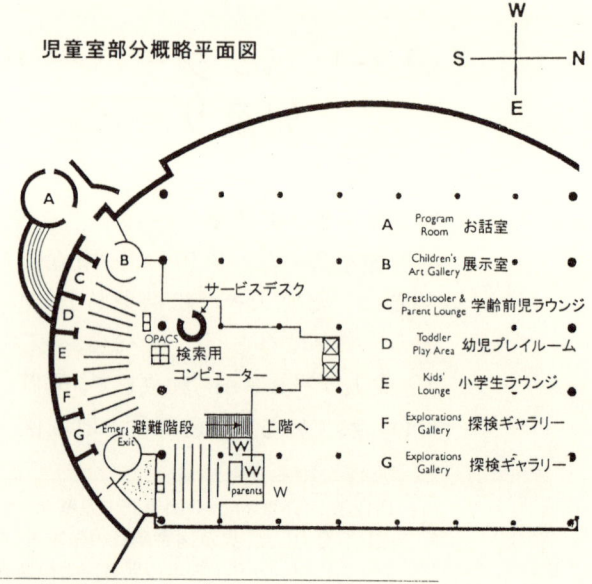

---

*3　修士課程以上を卒業し、図書館運営に携わる専門家の資格
*4　http://www.uoguelph.ca/englit/ccl/

は、レファレンス資料がぎっしり置いてある研究資料コーナーがある。CCL(Canadian Children's Literature)*4やBook Birdなどの児童関連雑誌が豊富に置いてあり、選書のツールとしても、活躍する。受賞コーナーには、カルデコット賞やニューベリー賞を受けた絵本、カナダ総督賞を受けた作品などの歴代受賞作品がディスプレイされながら配架されている。図書館のスタッフも利用者も自由に手に取れる。7階には別に貴重書の特別室があり、Marion Thompson Collectionなど、児童書関係も含まれる。

おはなし室の天井。たいへん明るい。カーテンはなく開放的

特に手助けを必要とする子どもたちのために、手話などの本

障害のある子どものコーナー(Special needs)には、大活字本や、点字や手話を学ぶための本、点字シートを付加した絵本、『かいじゅうたちのいるところ』などがある。障害を持つ子の親のための本やビデオも一緒においてある。そのコーナーの閲覧机は車椅子でも使いやすいように、机の高さが調節できる。

児童室の奥まった一画に円形の展示コーナー(Children's Art Gallery)があり、子どもの作品などが展示できる。さらに、下に泉の流れるガラス張りの通路を通り、円形の明るいお話室(Program Room)にいたる。天窓からは、雲と一緒に飛ぶ男の子のモビールが見上げられ、読書のための部屋とは全く異なった明るい雰囲気になっている。後に述べる子ども用プログラムがこの部屋で行われる。

児童室の中央部に男女の子ども用トイレがある。防犯上、いつも施錠されており、用のある子どもは入口で手を振ると、モニターテレビを監視している、中央の警備員がドアを開けてくれる。ドアの解除ボタンは児童サービスのカウンターにもついている。

児童室開架エリアから、北側の扉を入ると、児童サービスの管理部門と整理部門がある。児童サービス関係のスタッフ・ルームは、行事の時に活躍する小道具などに囲まれて、楽しい部屋となっている。旧図書館時代の子ども達の写真があり、Yukikoさんが「この子達が大きくなって、この図書館にも来てくれているのよ」とうれしそうに、説明してくれた。

学校図書館との関係

　どの公共図書館でも、授業の一環として学級単位で訪れる子ども達によく出会った。しかし、ブリティッシュコロンビア州では、学校図書館のサービスが3年ほど前から縮小された。学校図書館の専任担当者が減り、図書費も減った。子ども達が公共図書館を使う回数が増えて、公共図書館の職員の仕事が増えたそうだ。バンクーバー市立中央図書館では、1週間に6校ほど学級単位の利用がある。学校現場ではコンピュータの指導をできる教員が少ないので、公共図書館員が相談を受ける場合も多い。ハイスクールの生徒はこの中央図書館のコンピュータ・ラボで講座を受け、司書が指導する。小学校から高等学校まで、インターネットの使用が多いので、この図書館のシステムを子ども達も授業としても積極的に使っている。カナダの教育現場においても、情報化の流れは急速で、1999年の前半の動きと、2000年に入っての動きはどんどん状況が変わっていくのがうかがえる。

　カナダの学校図書館については、文献では先進的な事例報告が日本でも紹介されているが、この点でも大きな転機を迎えているようであった。今回の視察では、学校図書館を訪問することができなかったのは、残念だが、1999年7月に出版された『学校図書館が教育を変える―カナダの実践から学ぶもの』関口礼子著（全国学校図書館協議会）に得るところが大きかった。

行事の運営

　児童担当はストーリータイムなど行事の運営を行う。行事はバンクーバー市立図書館全体で企画される。水・木・金を中心に半年単位で、プログラムが配られており、インターネットへも案内がアップされている。毎週開催されるプログラム以外にも、夏休みのSummer Reading Clubなどが企画される。

《年齢別等のプログラム》
・Babytime Programs
　6カ月～24カ月（0歳から18カ月を対象にしている分館もある）
・Toddler Storytime Programs
　（よちよち歩きの子ども）24カ月から36カ月の子
・Preschool Storytime Programs
　（就学前）3歳から5歳の子
・Family Programs, Special Programs
　（家族ぐるみで参加）
・ESL Preschool Storytime
　（英語を第2言語とする3歳から5歳の子ども向け）

　内容は短いおはなし、あかちゃん絵本、指あそび、子守唄など。幼児の場合、保護者の参加も必要になる。年間全市で3,600ほどの子ども用プログラムが用意されている。

　Yukikoさんのお話では、子ども達へのストーリータイムの状況も以前とは変わった。子ども達の反応をみていると、早く話し、早く終わらなければならない。短い時間しか、お話がきけなくなっている。テレビや電子ゲームの影響も大きいと思う、ということであった。中央図書館児童室は、旧館（200mほど離れた場所から移転）時代から通う子も大勢いて、図書館員は顔も名前も全部覚えている。読書へのいざないとして、年齢別、テーマ別のきめ細かいリストがたくさん作成

されており、専用のキャビネットにどっさりストックされている。バンクーバー市で生まれた赤ちゃんは誕生と同時にブックリストを図書館からプレゼントされる。紙袋にセットされたパンフレットが20部ほど。このブックリストを受け取った両親は、これから子どもの成長に本が欠かせないものだという実感を持つのではないだろうか。クリスマス前はプレゼント用図書のリストをつくる。大変要望が強いので、街の書店にも図書館のつくったリストがおかれる。カナダではアメリカと比べて、本は買うより図書館で借りるほうが多い。

児童図書の選択

バンクーバー市立図書館の児童書選択は大変厳しく、たとえば、現職の児童図書部長(Children's Library Head)は書評誌に3誌以上採用されていないと、選ばないという考え方である。"School Library"や"Horn Book"などの書評誌には、詳しい評価が載っているので、それをぜんぶチェックして、図書館のコンピュータに入力していく。バンクーバー市立図書館独自の児童書選書リストを作成する。中央図書館と分館が選書も調整してオーダーする。中央館児童室のライブラリー・テクニシャンはそのリスト作りとオーダーの仕事で手一杯の状態である。厳しい選択を経るので、ディズニーやアニメの本は買わない、シリーズをまとめて買うようなことはしない、という方針になっている。カナダはアメリカとイギリスの両方の本が手に入りやすいので、英語圏のものは集書の点で有利である。ティーンエイジャーの本はオーストラリアのものがよいものがある。Yukikoさんの担当はオーディオ・ヴィジュアルなので、ティーンエイジャーのも含めて、全責任をもって選ぶ。近郊のリッチモンド市立図書館のように、ポピュラーブックしか買わない図書館もあるので、児童自身も調べものをするのはバンクーバー市立中央図書館、軽い読み物は近くの図書館と使い分けをしている。利用者から、リクエストがあれば、そういう選書をしている図書館へ行ってくださいと紹介している。

選書の方法は書評誌などの情報による場合が多いが、現物をみたい場合は児童書専門書店'Kidsbooks'に出向いている。

図書館からの誕生祝プレゼントの一部

■ 3-2 リリアン・H.スミスはどこに？

　カナダを訪れる前から、リリアン・H.スミスのつくりあげた児童サービス[*5]の力がどう受け継がれたのかが気になっていた。カナダの公共図書館の現場で息づく児童図書館員に出合い、うれしく思った。トロント「少年少女の家」で、リリアン・H.スミスと仕事をし、オズボーン・コレクションの初代室長を勤めたシーラ・イーゴフ(Sheila Egoff[*6])さんはバンクーバーにうつり、UBC(ブリティッシュコロンビア州立大学)で児童文学と図書館学の講座を開設したが、その授業を受けた人々が、北米の図書館で業績をあげてきた。バンクーバー市立図書館で、展開されている児童サービスはその精神を受け継ぐものが見てとれた。UBCでは、ジョウブ(Ronald A. Jobe)さんがカナダ国内の児童文学に関するネットワークをつくるのに、尽力をされているし、IBBYの会長を務められ海外との繋がりも強い。シーラ・イーゴフさんはご健在で、最近も子どものカタログを出版した。現役で活躍目覚しい、UBCの助教授ジュディス・サルトマン(Judith Saltman)さんはトロント市と、バンクーバー市で児童図書館員として、キャリアを積んで、現在は研究者として成果をあげている。サルトマンさんはYukikoさんの先生なので、Yukikoさんとの会話の中で、何度もお名前がでてきた。サルトマンさんはサイモン・フレーザー大学の編集した『モザイクの国カナダ子供文化展』(bilingual資料)にカナダの絵本の歴史と現状を書かれていて、非常にわかりやすい。

　サラ・エリス(Sarah Ellis)さんは"Horn Book Magazine"に'News from the North'というカナダの児童文学評論を連載しているのが有名。バンクーバー市とノースバンクーバーの図書館員であった。1993年には、京都の環太平洋文学者会議(報告書が出版されている)で「カナダの子どもたち―本とマスメディア」という講演を行っている。1996年には『自由研究赤ちゃん』The Baby Projectが徳間書店から翻訳されている。もうひとり、Yukikoさんが名前をあげた作家はキット・ピアソン(Kit Pearson)さんであった。ピアソンさんは児童図書館員を勤め、作家として作品を発表した。日本で翻訳されているのは、『床下の古い時計』(金の星社)と『鏡―ゴーストストーリーズ』収録の『眼』である。この『鏡』は1996年IBBY世界大会の時に編まれた11カ国の作家のアンソロジー中の5作品の日本語訳である。

　バンクーバーで本好きの子ども達の味方は児童書専門の書店"Kidsbooks"の存在かもしれない。UBCで図書館学を勉強し、図書館員でもあったフィリス・サイモン(Phyllis Simon)さんが経営する。店内は子どもの本がテーマごとに分かりやすく展示され、置かれている資料の質の高さと豊富さは大変魅力がある。バンクーバーのダウンタウンから、バスで15分ほど離れた静かな場所にあるが、朝

[*5] 『本・子ども・図書館―リリアン・H.スミスが求めた世界』アデル・フェイジック等編　高鷲志子・高橋久子訳　全国学校図書館協議会　1993年
[*6] 『物語る力』シーラー・イーゴブ著　偕成社　1995年

10時の開店を数組の親子連れが待っていた。私もYukikoさんから、前日電話連絡をしていただいて、開店前からお邪魔して、カナダ関連の児童書をどっさり、買うことができた。

■ 3-3 各地の公共図書館での児童サービス

トロント公共図書館（TPL）
リリアン・H.スミス分館

　児童サービスに関わる人がカナダと聞けば真っ先に思い出すのは、リリアン・H.スミスでありトロントの児童図書館「少年少女の家」であり、オズボーン・コレクションである。これらについては既に多くの興味深い著作が多数あり、2時間あまりの訪問であらためて報告することはほとんどない。
　TPL（トロント・パブリック・ライブラリー）の分館として1996年11月リリアン・H.スミス分館が開館した。児童サービスという分野を切り開いた世界的に有名な図書館員の名を冠してリリアン・H.スミス分館と命名され、4階に、オズボーン・コレクションが収められた。現在は周辺地域に多く住む中国人の利用者を意識した蔵書構成と、電子機器も備えた未来志向のサービスを展開している。
　建物の正面玄関の両脇には2体のグリフォン像が向い合わせで置かれ利用者を迎え入れる。中央ホールは吹き抜けになっていて階段を上りながら、各フロアを見渡すことができる。1階部分は主には児童書で、ホールを挟んで右手が絵本、左手に読み物が置かれている。内装は星や月がテーマのしゃれた色彩でBoys & Girls Houseの文字とともに、絵本が美しくディスプレイされている。絵本の奥は大人のための児童文学研究書のコーナーで、ひととおりのレファレンス・ブックはそろっている。読み物の奥は子ども用のCD-ROM検索機のコーナーになっている。児童サービスの専任職員はおいていない。2階は一般書の部門であるが、特に1万冊を越える中国語の図書とAV資料のコーナーが大きな特色である。3階には、トロント・パブリック・ライブラリーの特別コレクションの一つとしてトロント在住の作

入口のグリフォンはM.センダックのデザイン、オズボーン・コレクションの象徴

家ジュディス・メリルが寄贈したSF資料（蔵書3万、雑誌2万）を集めたメリル・コレクションがある。パルプフィクションとかスペースオペラなどと言われた時代からのSF小説の貴重な資料のコレクションであるが、保存にとどまらず積極的な資料の構築を行っているように見えた。3階にはもう一つの重要な場所であり最も賑わう部門であるエレクトリック・リソース・センターがある。インターネットも含めて利用者が自由にコンピュータを使って情報を引き出したり、ときには講習会も開かれる部屋である。

そして最上階4階全てがオズボーン・コレクションで、14世紀から現代までの貴重なカナダ児童古書とリリアン・H.スミス・コレクションも含み、約7万冊が収蔵されている。片側半分をガラス張りの書庫が占め、専門のライブ

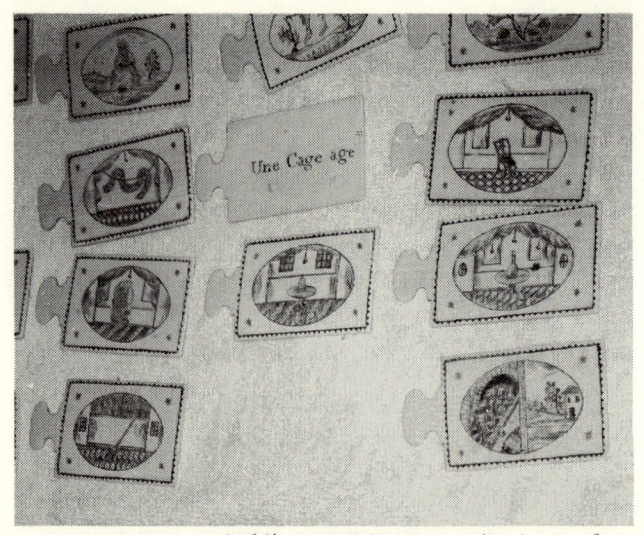

オズボーン・コレクションの一部、ホーン・ブック

ラリアン（Special Collection Librarian）によって、整理・管理されている。展示室の横には、貴重書を閲覧できる閲覧室になっている。私達の訪問のために、貴重な資料の一部を用意してくださっていた。数種類のホーン・ブックやファラッシュ・カードと呼ばれる単語カード、コメニウスの『世界絵図』、世界で初めて絵本として出版された『さんびきのくま』など、コレクションのほんの一部とは思いながら、そのみごとな資料を眼の前で説明していただける機会をいただけたことに感謝をしたい。この部屋にはSpecial Collection Assistantとして梶原由佳さんが勤務しておられ、案内等大変お世話になった。由佳さんはホームページを開設され、専門のモンゴメリー研究などの情報を発信されている。4階入口が展示室になっている。訪問時の展示は「犬」がテーマで『どろんこハリー』日本語版（福音館書店）などが展示されていた。アメリカ人の夫ケネス・グレアムと共に多くの絵本を書いたジーン・ジオンはカナダ出身。

さらに地階には集会スペースとし

オズボーン・コレクションの案内パンフレット

て、お話会用の部屋が3つの他、集会室がある。集会室に降りる階段の照明は松明を模していて、雰囲気は西洋のお城である。お話の部屋の椅子やインテリアもやはりファンタジックな物語の世界を意識している。世界中に組織を持つChildren's Books History Societyや「オズボーン友の会」などの事務室もある。しかし、これらのインテリアや照明、家具も、利用の中心が中国人でありヤングアダルトであることを考えるとそぐわない印象を受けるのは私だけだろうか。

（この項　阿部明美）

市域ネットワークの中の児童サービス
―カルガリー市立図書館

公共図書館が積極的にサービスを展開する地域では、児童サービスも元気がある。アルバータ州カルガリー市は西にロッキー山脈、東に1,000kmにわたり広がる大平原の中に忽然と現れる近代都市。全市に拡充していく図書館網は児童サービスの面でも、資料提供、行事企画などに、威力を発揮していた。全市の情報がOPACとインターネットで検索でき、毎晩全市を回るトラックが、要求された資料を利用者に届ける迅速なサービスを保証している。

全市で'Make the most of your Card Power!'（図書館カードの力をもっと使おう！）というキャンペーンを展開している。カルガリー市での登録は年間登録料が必要。大人は10C＄、13歳から18歳までは4C＄、0歳から12歳までの児童は無料。市民以外は、家族ごとに毎年112C＄必要。この登録料は市図書館の歳入になり、年間予算の7％を占めている。シグナルヒルのように他市との隣接地帯に建つ図書館は市外登録者の率が高い。他の州では、図書館利用は原則的に無料の州も多い。

―カルガリー市立シグナルヒル分館

ショッピングセンターに隣接した立地で、1998年開館の図書館。市立図書館の中で中規模分館にあたる。案内してくださったのは、分館長（Customer Service Manager, Signal Hill Library）はマリー・エンライト（Mary Enright）さん。開館まえの訪問にもかかわらず、丁寧な説明をしてくださる。市民サービスへの熱意と愛情があふれていて、気持ちがいい。フルタイムに相当する12名分が予算化されており、実際は17名が働いている。そのうち、司書は館長と児童担当の2名、あと2名の大学卒業者がいる。

1フロア1階のみ。1,000㎡ほどのフロアなので、どちらから周っても資料に行きつける動線になっている。三角のデザインはどの方向からの窓も大きくとれて、非常に明るい。入口からすぐに円形カウンターがあり、返却、貸出を同時にコントロールしている。設計上、中央カウンターに立つと、館内がだいたい見とおせるようになっている。死角になっている角にはさりげなくミラーがおかれている。少ない職員でも運営できる構造になっている。入口は広いので、利用者のために展示物を置いたりするのに、活用されている。16台の端末機が置かれ、子どもから老人までよく使っている。

'LET YOUR MIND SOAR'（あなたの心よ、舞い上がれ）という文字が布テープにプリントされて天井に翻っっていたり、凧が吊り下げられてい

シグナルヒル・ライブラリーの天井

る。これはこの図書館のキャッチフレーズで館内のあちこちに見ることができる。ちいさな暖炉に火が燃えていて老人が3人ほどゆっくり、読書をしている。カナダの冬は年に8カ月もあり、5月下旬でも火が恋しい。子どものコーナーは閲覧室の35％を占めている。明るく、絵本は見やすく低い位置に配架されている。お話コーナーはその上は天窓がついており、大変明るい。蝶が天井にディスプレイされている。ステップを2段低く掘り下げている。やっと歩きだした赤ちゃんが一所懸命段差を降りている。エンライト館長は少し危ないかなと危惧しているけれども、事故はおきていない。カルガリー市の子ども向けイベントの本年テーマが冒険だったので、宝もの探しの絵（TREASURE TRUNK）がお話コーナーの壁面に描かれている。2壁面がヒーターに囲まれている。児童コーナーそのもののデザインが単調で、子どもにアピールしているとは、思えないので、こういう変化があってもいいとは思う。というのがエンライトさんの感想。書架は全体に低く設定されている。初めはもっと高かったのだが、照度がたりなくて、低くした。書架は合板やスチール製で、重厚さには欠けるが、この図書館のモダンなデザインにはマッチしているかもしれない。利用者の動線はうまく設定されているので、利用者が混み合っている感じはしない。

　学校図書館は市教育委員会の管轄になっているので、そちらで活動をしているが、夏休み、冬休み、春休みが非常に長いので、その期間は子どもたちは公共図書館を使うことになる。子どもへのプログラムは大変多く

組まれている。ストーリータイムや夏のサマー・リーディング・タイムなどを活発に行う。若い家族のいる地域であるので、児童利用者は特に大事に考えられている。

児童サービスの中の多文化サービス

カナダは多くの民族によって、構成されている国である。「モザイクの国」といわれるその文化の多様性は、カナダ政府がさまざまな政策を行っている。公共図書館全体の多文化サービスについては、別の項目で述べられるが、ここにおいては、児童サービスの中での多文化を概観してみる。図書館においても、利用者のひとりひとりの肌の色、髪の毛の色が異なるように、要求も多様にわたる。

まず、たいていの公共図書館では、多文化コーナーがある。児童用にどれほど資料がそろっているかは、かなりのレベルの違いがみられる。公用語は英語とフランス語であるが、今回の訪問ではケベック州には、寄らなかったので、フランス語の資料がそれほど目についたわけではない。英語が第2母国語となっている人がたくさんいる。フランス語はカナダでは第2国語として、幼稚園から教えるところも多い。

バンクーバー市立中央図書館においては、先に述べたように、英仏語の児童書は1階の児童室にある。他の言語については、2階の多文化コレクション(Multilingual Collection)の場所に児童書も置かれている。中国語や韓国語は大変資料数も多く、東欧諸国語など約20カ国語そろっている。子ども用資料として、絵本やカセットテープがならんでおり、利用も多い。多文化のセクション(Multilingual Language Department)は独立しており、ここのスタッフが中央館と分館の選書も含めて行う。バンクーバー市の分館では、多文化の専門スタッフはいない。ローマンアルファベット以外の言語はコンピュータでカタログ化するのは難しいので、していない。中国系の多い地域にある分館では、中国語によるストーリータイムもあるらしい。

サービスにおいても印象に残ったのがリッチモンドRichmond市(バンクーバー市の南西)である。リッチモンド市は以前から、中国系住民が多く、香港返還後はとくに比率が増している。インターネットのホームページにも、中国の匂いがあふれている。中央図書館と1998年に開館したアイアンウッド分館(Ironwood branch)には、多くの中国語資料が用意されている。

お話コーナーの天井、凧が浮いている

児童のためのインターネット（カナダにおいて）ホームページ

　国土が広く情報機器と通信も発展し、通話料金も安いカナダではインターネットはよく活用され、公共図書館のホームページも充実している。1999年のある統計によると、カナダは世界中で一番インターネット普及率が高い国だという。図書館に登録をすれば、情報検索、資料の予約貸出やレファレンスもできる。図書館も情報の開示と広報活動に力をいれている。デザインも美しく、分かり易く工夫されているので、年齢を問わず利用されている。たくさんのサイトがリンクしあっているので、子ども用のサイトも多くの情報を得ることができる。子どものページでは、初めに、「ネット上に自分の住所や電話番号を入れたりしてはいけない」「不愉快な画面が表示されたら、親と相談すること」など、インターネットを使う注意事項が表示されるようになっている。子どもが興味を惹かれる図書の紹介、調べものをするのに役立つ、多くのページをたどることができる。楽しいゲームもふんだんにある。宿題の手助けをするホームページも使い易そうにできている。図書館のスケジュールをチェックすると、ストーリータイムなどの年間スケジュールが広報されているので、便利なところに参加できる。図書館で力をいれているのは、夏休みの読書活動なので、ここにも工夫をこらした案内が掲載されている。親子参加のいろいろなプログラムを見ることができる。「アンおばさんの工作教室」であれば、工作で紙袋や封筒をつくる教室の案内とその料金が確認でき、オンラインで申し込める。教師や親のためのページも充実している。今回訪問した図書館の中でもお薦めの5館を以下にあげる。

VPL	http://www.vpl.vancouver.bc.ca
TPL	http://www.mtrl.toronto.on.ca
Calgary	http://www.public-library.calgary.ab.ca
Mississauga	http://www.city.mississauga.on.ca/library/
Richmond	http://www.rpl.richmond.bc.ca/asian/

■ 3-4　まとめ

カナダの児童書について

　カナダは英仏2カ国語が公用語なので、英米仏の作品は勿論よく利用されている。国の政策としてカナダ独自の創作文学を奨励している。カナダ図書館協会年間優秀児童文学賞やカナダ総督賞など様々な賞が設置されている。図書館でもカナダ出版の資料には、カナダメイプルのシールが貼ってあったりする。カナダといえばモンゴメリーの『赤毛のアン』を思い浮かべる人も多く、プリンスエドワード島は今も日本人観光客の人気を集めている。児童書の分野も活発な出

版活動がなされ、日本の読者はカナダの作品と気づかないで楽しんでいるものも多い。カナダ児童文学史については、日本語でもいくつかの資料で読むことができる*7。カナダの児童図書館サービスについて紹介してくださったのは、石井桃子さんと桂宥子さんが記憶される。近年で、翻訳されていないカナダの絵本が日本へまとまって紹介されたのは、1997年バンクーバーにあるサイモン・フレーザー大学デビット・ラム異文化研究センターが企画した「モザイクの国カナダ子供文化展」の文化行事が日本各地で開催されたことがきっかけとなった。展示目録には多様なカナダの絵本がカラーで紹介された。その目録にはジュディス・サルトマンさんがカナダの絵本の歴史を紹介している。絵本を手にとって見ると、カナダの抱える多様な民族、ネイティブ・カナディアンやイヌイット、世界各地からの移民など、多様な文化、言語など多くの面をみることができる。

公共図書館で見かけた子どもたち

　緯度が高く、冬のながいカナダでは、生活の中で図書館の果たす役割は高いと思われる。公共図書館では、どこも子どもへ充分配慮された部屋やコーナーがあった。カナダの子ども達も他の国と同じように、テレビ、コンピュータの洗礼を受け、読書にたいする考え方も大きく変わっている。公共図書館でもビデオテープやカセット・CD-ROMなどが大量に貸出されているし、コンピュータやゲームができるコーナーはいつも満席状態であった。フレデリック・パック「木を植えた男」に代表されるように、アニメなど、映像の世界でもカナダは高い技術を誇っている。現在の子ども達が映像や音楽を含めた文化の中で育っているのは事実であり、世界的な傾向となっている。そういう意味では、日本もカナダも子どもの状況はよく似ている面も多かった。日本の子ども達のおかれている状況と違うのは、自由時間が多く、広大な自然が身近にあることだろう。カナダでは、日本の文部省にあたる機関はなく、教育に関しては自治体ごとの自主性に任せられる部分が多い。公共図書館の運営に関しても財源の確保に始まり、自治体の独自性と責任が明確にされている。その地域で子ども達をどう教育していくかという論議の中で、図書館の果たす役割が大きく位置付けられていると感じた。身近に多様な歴史を抱えた民族が一緒に暮らしている社会という点でも、日本が学んでいくものが多いと思う。

---

*7　「カナダ児童図書館と児童文学のあゆみ」田中安行『白梅学園短期大学紀要』第35号　1999年

第4章 レファレンス・サービスと広域ネットワーク

■ 1-1 トロント市立中央図書館
(Toronto Reference Library)

大澤正雄

　オンタリオ州の州都、トロント市。1998年に周辺6つの自治体を吸収合併し、人口230万人のメガシティになり、世界の巨大都市のモデルとなっている。

　図書館も合併し、合計で98のブランチ（職員総数1,400人）をもつ世界最大規模の図書館システムの一つになった。

館　　長	リンダ・マッケンジー	'99年5月調べ
創　　立	1883年	
奉仕人口	2,385,420人	
システム分館数	98館	
	2レファレンス・ライブラリー（トロント、ノースヨーク中央）	
サービス範囲	17市内行政区分館、79広域行政圏分館	
職員数	この図書館　188.3人	
	（8 マネジャー、58.3 ライブラリアン、122 アシスタント他）	
	システム全体　1382.4人	
	（406.6 ライブラリアン、985.8 アシスタント他）	
登録率	65％（約155万人）	
年間利用者数	1700万人	
資料数	システム全体　1200万点、この図書館　450万点	
貸出点（冊）数	システム全体　2700万点、この図書館　15万点（1998年）	
レファレンス	948,650件	
年間運営費	11,752,492C$（1999年＝中央図書館）	
延床面積	416,035sf／38,650㎡（地上5階、地下1階）	
設計者	レイモンド・モリヤマ（東京のカナダ大使館など設計）	
建設費	3000万C$	

階構成	5階：語学学習、演劇、パフォーマンス芸術、コナン・ドイル資料室
	4階：雑誌センター、家系図、地図、地域・郷土史、特別コレクション
	3階：ビジネスインフォメーション、健康情報センター
	2階：メインレファレンス、写真、ビデオ
	1階：ロビー、出入口、カフェテリア、学習センター（コンピュータ、職業紹介、特許取得、身障者サービスセンター、会議室）、図書館の外のレンタル部分＊ギャラリー、有料情報サービス(Intelli Search)
	地階：新聞室、コンサベーション・タブ、駐車場
開館時間	月曜日〜木曜日　10：00〜20：00
	金曜日・土曜日　10：00〜17：00
	日曜日　　　　　13：30〜17：00

概略説明
（スタッフ：キャサリン、クリスティーヌ、スーザン）
・1998年7つの市が合併し、大きなトロント市ができた（メガトロント）。
・7つの市の公共図書館、1つのレファレンス・ライブラリーが統合誕生し、トロントの公共図書館は新しいシステムとなった。システム統合は現在進行中で未だ完成していない。
・この図書館はレファレンスだけで貸出はしない。貸出はノースヨーク、リリアン・スミスなどの分館で行っている。

トロント・レファレンス・ライブラリー正面

・規模
　　職員数　188人
　　蔵書数　450万点
　　地上7階地下1階
　　総面積　約40万sf
　　　　（4分の3が利用者部分）

コンピュータによる図書館利用について
（図書館利用案内
Welcome To WORLDVUEより）

A）Worldvue（The Information System of the Toronto Reference Library）（図書館内におけるインフォメーションシステム）

　一つのコンピュータ・ワークステーションから、数百の電子情報源に接続できる。それは5つのカテゴリーに組織されている。

① 図書館資料カタログ（Library Catalogues）…カナダ、アメリカ、世界の公共・大学図書館のカタログ
② 雑誌、新聞等の記事（Articles in Periodicals Newspapers and other Publications）…カナダの雑誌、新聞の記事索引及び全文
③ リサーチ・データベース…住所録や出版物その他のインデックスを含むリサーチ・レファレンス・データベース
④ インターネット・ウェッブへの主題ガイド…主題ごとにアレンジされたウェブサイト。芸術、人文、経済、産業、コミュニティ・インフォメーション、フリーネット、インターネット、教育、行政、リクリエーション、レジャー、レファレンス、ニュース、科学、健康、時の話題
⑤ 図書館案内及び「今」の催しもの
　・行事、展覧会
　・催しもの
　・（図書館からの）お知らせ
　・開館時間、電話番号
　・コレクションハイライト
　・集会室

　Worldvueのためのコンピュータ・ステーションは2種類ある。
① Worldvue Select；上記5つのカテゴリーのうちの4つにアクセス可能なもの。
② Worldvue Plus；5つのカテゴリー全部に加え、インターネットへのサブジェクト・ガイドも使えるもの。

B）Virtual Reference Library（Online Web Library 図書館外からのオンライン利用）（図書館利用案内What's Onより）

　（オンラインの）バーチャル・レファレンス・ライブラリーにより「ライブラリー・リソーセス（Library Resources）」と「インターネット・サーチング」と「リサーチガイド」を利用することができる。

ライブラリー・リソーセスとは；
　・TPL（トロント・パブリック・ライブラリー）Online Catalog
　・Specialized Research Database 例えばArchindont（建築の雑誌文献目録）
　・TPL Digital Collections 例えば19世紀のトロント市住所録
　・TPL Index 例えば各国言語コレクション、雑誌・新聞資料

インターネット・サーチングとは；
　インターネット上の情報にあなたを案内するものである。そこでは、TPLのスタッフがあらかじめ選別したウェブサイトやインターネット・エンジンを利用することができる。
　・ヴァーチャル・レファレンス・ライブラリー・サブジェクトガイドをぶらぶら探しまわることができる。

中央吹き抜けの館内

・サブジェクト・ガイド上でキーワードを引くことができる。
・インターネット・サーチエンジン上で探しまわることができる。
・TPLのスペシャル・インターネットサービスを利用することもできる。
・サイエンス・ネット；教師、学生向けに学校の科学教育用に再編されたインターネット・リソース
・Bob's your Uncle, eh!；ジーナオロジカル・インフォメーション
・Expanding Universe；アマチュア天文学者のウェッブサイト

リサーチガイドとは；
　数多くのリサーチガイドが用意されており、関連情報源（データベース）とリンクしている。

機構・組織
　この建物の敷地には以前市の建物があった。図書館を新たにつくるため1967年図書館協議会がおかれ、その敷地に1977年に開館した。当初は12の専門部門があり、260人（フルタイム相当数）のスタッフがおり、36のサービスポイントがあった。
　1985年に組織の組み替えが行われ各階バラバラだった部門のカードカタログをコンピュータで統一し、各階の中央にサービスデスクを1カ所配置し、全体の資料検索が各階のセクションでできるようになった。1996年に予算削減により再度組織替えが行われ、250人のスタッフが180人となり、サービスポイントは16カ所となり、部門は6つに減った。その後98年の合併で現在にいたっている。
　1階は一般的なレファレンスが行われ、ユニオンカタログがおかれている。カタログはVTLS（Virginia Technic Library System＝北米一帯にサービスしているMARC会社）のサービスを受けている（6-6 アウトソーシング・カタロギング参照）。
　2階以上は各階ごとに部門を分け、音楽、芸術、人文・自然・社会科学等

43

各部門の専門レファレンスが行われている。

館内見学
◇1階
　BDSを設けた入口3カ所を通ると、吹き抜けの下に円形のインフォメーション・サービスデスクがあり、利用についての初歩的なことはここで応対している。
＜館内の利用＞
　各階のレファレンスデスクで申し込む。資料は頼んでから15～20分で出てくる。長くても45分というところである。資料はリクエストカードに挟まれて出てくる。今年の夏からリクエストカードに個人のバーコードを入れて管理するようになった。これは盗難防止というよりも個人の利用管理、統計に役立つように考えている。
　施設としてはその他、作業室、ギャラリー等がある。
　作業室のスタッフは、書庫から分館に貸し出す本を取りにいって分館に配本する。その本はブランチに行っても貸出はできず、その館内で見てもらう。トロント市の人はレファレンスを受け、閲覧することができるが、市外の人はレファレンスだけだそうだ。
　1階にはその他に利用者エデュケーション室と障害者サービスコーナーがある。
＜利用者エデュケーション＞
（6-1 利用者教育プログラムを参照）
　図書館の利用の仕方、特にコンピュータの使い方や様々な講座を行っている（奥に講座室があり講座ゼミナールを行う）。主にデータベースの使い方、インターネットのサーチの仕方など指導が講座として定期的に行

1階の館内入口

われている。1講座あたりの参加人数は8～15人とのことであった。
＜身障者サービス＞
　視・聴覚障害者に対して機械で読書ができる装置を置いている。職員は付き添って、必要な介護を行っている。
＜トロント・トラスト・ギャラリー＞
　ここのディスプレイは数カ月毎に替える。直接光があたらないように間接光にしている。

◇地階
＜ニュースペーパー・ルーム＞
　新聞、ザ・トロント・スター（寄贈）は3カ月だけ置きあとはマイクロフィルムにしている。この他、オンタリオ州内で発刊されているものや、多言語の新聞を置いている。外国の新聞は多くて数がわからない。移民が多いのでリクエストで置いてある新聞がかなり多い。
＜コンサベーション・タブ＞
　修理・補修をするこの部分には2人のスタッフとチーフの3人がいる。
　古書や古地図の修復、扱い方の指導などをし、大切な本については一冊一冊スライドにしている。19世紀の紙は破れやすいので修復は重要

な作業であるとのことだった。修理の主なものは1891年のサボスの本、アービー・ビューズレー、オズボーン・コレクションの版画などを修復していた。また、それらのデータベース・カタログの作成を行っている。

◇サービス最上階(5階)
＜パフォーマンス・アート＞
　演劇や音楽、ダンスなどの芸術活動ができる設備がととのっており、ダンスやピアノの練習も行われている。また、俳優がアクセントやアクションの勉強をすることもできる。トロントは演劇が盛んなところなので、俳優やスタッフに多く利用されている。

＜言語コーナー＞
　一部に館外に貸し出せるものもある。それは、移民などが英語を勉強できるための資料である。排列は作文、読解、スペル（発音）と区別して並んでいた。
　資料の貸出の可・不可の基準は、その資料を分館で持っているか否かで決めている。分館で持っているものはそこから貸し出してもらう。

＜アーサー・コナン・ドイル室＞
　1840年代のビクトリア調の雰囲気でつくられている。約30年位前(1969年にスタート)トロントの住人のコレクションから始まり、約2,000点ある。運営は寄付で賄っている。コナン・ドイルのコレクションでは世界最大。人形、絵、多言語による各種資料、各国で翻訳された作品も保存されている。ここにある資料は図書以外も含めて全てコンピュータ・カタログで管理されている。

◇4階
＜スペシャル・コレクション＝
郷土資料室・地図、絵画、ポスター＞
　貴重本、オリジナル原稿、絵画・写真のカタログを保存している。写真のカタログはオリジナルの写真を複製して説明をつけ、閲覧に供している。昔のトロントの写真をオーダーできるよう整理されていた。特に力を入れているのはカナダの歴史で、系図に関するもの、イングランド、アイルランドなど自分たちの祖先を訪ねることもできる。
　資料に傷がつかないように布が張ってあるテーブルが置かれている。ポスターや写真はこの部屋（郷土資料室）の裏に保管書庫があり、そこに収

貴重資料の修復

アーサー・コナン・ドイル室

蔵されている。ミュージアムの展覧会にも貸出を行っている。

また、カナダ最大の地図コレクションを持ち、約6,000枚（カナダ、トロントが中心）集蔵している。

＜定期刊行物センター＞

雑誌のコレクションは多言語を含めて約16,000タイトル置いている。カナダ関係のものはマイクロフィルムで保存している。索引はいろいろなサブジェクトに分かれている。CD-ROMの入ったデータベース・スタンドアロンで探せる。ここにないものは、インフォメーションデスクで他の図書館から取り寄せてくれる。データベースの使い方がわからない人には親切に教えてくれる。CD-ROMは予約して使う。

◇3階

＜病気・健康情報サービス＞

州と連邦政府の援助がある。特定の病気に関する最新の情報（雑誌、データベース）、例えば心臓に問題のある人が分類0120の番号を探して、その病気を調べることができる。西洋医学だけでなく、東洋医学も含め有用な答えを出してくれる。

月1回、無料のセミナーを開いている。病気に関心のある人、治療が必要な人には直接、医者を紹介しないが協会を教える。そこから医者に行くという段取りになっている。

このサービスシステムは、当初、市のパイロットプロジェクトとして始まった。図書館は市民が一番集まるところなのでこの図書館で行われるようになった。将来は病院の図書館にも広げていきたいとの説明があった。わが国ではこの種のサービスはまず医療機関が行い図書館では考えもしないことであろう。しかし、図書館が市民の

ビジネス相談デスク

利用の中心になることになれば市民の生活にかかわるあらゆるサービスが求められることになるであろう。次のビジネス情報サービスもわが国では未だ一部でしか行われていない。

＜ビジネス情報センター＞

1941年にスタートした。最新のビジネス情報を提供している。主なサービス対象はビジネスマン、学生、リサーチをする人、図書館員（専門）などで、利用が高いとのことであった。

ここには5つのセクションがある。統計、コンピュータ、財政、仕事（job）、ディレクトリーの各部門に分かれている。市場、産業に関する統計、カナダの統計に関するものは全てPCガイドで調べられる。部屋のスペースが限られているので10年分しか置けないとのことであるが、オープン・セルフ・コレクションには6万冊ある。一部分床が凹んでいる部分の資料は車椅子では使えない。カナダ国内の会社は勿論のこと、外国の有名企業の資料も揃っている。大きい本が多いので、壁際にテーブルを置き使いやすくしている。中心にデスクを置き、室内のレファレンスを受けており、電話

やFAX、メールで外からも受け付けている。

＜Business Annex＞

　会社や企業の情報を提供している。各会社の株価の情報が白板に手書きでカウンターデスクの脇に出されている。また、会社の年次報告のバックナンバーが揃っていた。このほか、市内各企業の求人情報がカードで置かれていて、求職者らしき人がそのカードを検索していた。求職者は興味のある会社を見つけるとそれをメモしてその会社に連絡をするという。

◇2階

　この階はメイン・レファレンス・センターとして他の階で扱っていない資料を保存し、閲覧、レファレンスを行っている。特にAnnex Roomといって紛失しては困るものを収蔵している部屋が設けられている。

＜メイン・レファレンス・センター＞

　レファレンスコーナーとしては一番広くとってある階。科学、歴史、芸術、文学をカバーしている。地元の作家、カナダの作家を呼んで話を聞いたりするプログラムを組んだりしている。

　一般の人もよく利用するが、図書館のスタッフもよく使っている。州、連邦政府の刊行物、法律に関するもの、雑誌記事のコレクション、年鑑、辞典、事典類が置かれている。この他年代を遡った電気製品の取扱説明書、自動車の修理マニュアルはカナダや日米独仏の輸入車のものが図書と2年前からのCD-ROMが揃っている。ファッション、消費情報、カナダ人作家（文学、アーチスト）の新聞・雑誌記事、昔の文学作品が提供されている。

　紛失しては困るものは〈Annex Room〉に収蔵されていて、そこに入って閲覧する。部屋の奥の書庫からもスタッフが出してきてくれる。

＜トラベル・コレクション＞

　旅行、世界各地の案内。世界各地のパンフレット、旅行案内の図書、CD-ROM、インターネットの接続もできる。

＜ピクチャー・コレクション＞

　歴史的な絵画と写真。1920年からの写真コレクション、地元の人の作品（鉄道、オリンピック、マスメディアのポスターやチラシ、挿絵画家、アート、伝記関係）、およびドキュメンタリーや教育的なビデオを借りてそこで見ることができる。街のレンタル・ショップには無いものが多い。

ピクチャー・コレクションの数々

■ 4-2 バンクーバー中央図書館(VPL)の レファレンス・サービス

阿部明美

バンクーバー・パブリック・ライブラリー(VPL)のレファレンス・サービスの基本方針によれば、レファレンスおよび情報提供サービスは、地域住民の要望に応えて行われる図書館の重要な業務の一つである。図書館の持つ資料、情報をもってこれらの潜在的な要望に応えていくことはVPLの使命である。

VPLのレファレンス・サービスの大きな特徴は、レファレンス・サービスが有料、無料の2つの部門に分かれていることだ。

無料サービスは、通常の来館者に対し図書館員が窓口で行う通常のレファレンス業務である。ブリティッシュコロンビア州内からの電話や郵便による問い合わせに対し、基本的な情報を提供することも無料で行われるサービスの範疇である。

InfoAction
(有料レファレンスサービス)

VPLではInfoAction＝Vancouver Public Library's Information & Research Centreという有料の情報探索サービス部門をバンクーバー中央図書館の5階に置いている。有料サービスの範囲は、ブリティッシュコロンビア州外からの問い合わせや、利用者がインターネットを利用しての情報提供を要望する場合、またはより複雑な問い合わせに対して回答する場合である。

InfoActionで取り扱うものは、例えば市場調査(時間単価90C$)や企業のプロフィールに関する情報(45C$から)などで、インターネットやCD-ROMなどの電子情報を通じて提供されるものが多い。日々の新聞や雑誌の記事の切り抜き情報を自宅や会社に送ること(料金は内容による)も申し込める。企業やサービス、組織に関するメーリングリストを利用者の要望に応じて作成すること(50C$から)さえ依頼できる。サービス案内に示されている情報提供の例は専任の秘書か会社の情報部門の仕事を思わせる"deep"なものだ。個別的に回答資料を作成する行為を伴うような情報提供は、私たちが通常考えるレファレンスの範囲を超えているように思われる。やはり有料だからこそ行えるサービスだろう。

このような情報提供が有料サービスとして定着していること、有料に価する情報提供が行われていることは、日本の一般の公共図書館の現状と比較すると別世界のように思われる。大企業であれば組織内に持つようなリサーチ部門が、公共図書館のサービスとして利用できることは、中小の企業や個人にチャンスを与えることになるだろう。

InfoActionは、VPLのホームページからアクセスすることができる。料金の支払いもVISAやMaster Cardと提携して行われる。InfoActionには、図書館に直接行かなくても図書館を利用できるという次の段階、新しい時代の図書館サービスが多分に含まれているように思われた。

VPL各フロアの構成と
インフォメーション・カウンター

　VPL中央図書館の資料の各部門は、各フロアに以下のように配置されている。

1階	<u>子ども図書館</u>
2階	<u>多言語資料</u>
	Popular Reading Library
	<u>YA</u>
3階	<u>社会科学</u>　語学・文学
	カナディアーナ
4階	<u>ビジネス・経済</u>　科学・技術
5階	<u>新聞・雑誌</u>　InfoAction
6階	<u>芸術・音楽</u>　歴史・政治
7階	特別コレクション

　各階の下線部門に、インフォメーション・カウンターが置かれている。カウンターに配置されるのは、ライブラリアン、またはライブラリー・テクニシャンである。

　ライブラリー・テクニシャンは、別項で述べられているように、図書館の仕事のうち目録登録など技術的な分野を主に担当するが、ライブラリアンの補助的な業務を受け持ち、カウンターにも立つこともある。ただし、ライブラリー・テクニシャンが利用者に対して答える範囲は決められている。

　たとえば、映画に関するレファレンスについて、「今市内でどんな映画が上映中か？」といったような事実の回答をライブラリー・テクニシャンが行うことは可能だが、「その映画がどんな評価を受けているか」というような多方面の調査が必要な回答は、ライブラリアンに取り次がなくてはならないそうである。

　ブリティッシュコロンビア州内からの電話等での問い合わせへの回答はファックスでも行われる。資料の添付が必要な場合1枚程度であれば無料だということだが、量が多ければ必要な利用者カードに料金が記録され、来館時に支払うしくみになっている。

　VPLのフロア構成は、1階〜2階の小説を中心としたポピュラー・リーディング部門を除くと各分野の専門図書館の様相が強いが、VPLのライブラリアン土佐征子さん（日系4世）が話してくれたレファレンス事例は、かなり生活に密着したものであった。特に電話での問い合わせは、かなり気軽に行われているようである。バスの路線や時刻表も市の交通局の電話は塞がっていることが多いので、図書館に問い合わせることが多いという。夕食の準備をしながらソースの作り方を忘れてしまったので図書館に問い合わせる（回答するためのファイルがあるということにも驚かされる）、小さな子どもが「明日、クラスで動物園に行くの。ゾウについてのインフォメーションをください」と児童図書館に電話をかける。

　1998年の年次報告によれば「VPLのスタッフは年間125万件以上のレファレンスの問い合わせに答えた」（VPLは全23館、年間貸出冊数860万冊）ということであるが、125万件の中には、このような日常的な質問が含まれている。VPLでは、こうした問い合わせに答えるための各種のファイルやインデックスを作成している。

■ 4-3 インターリンク（広域利用）

阿部明美

　バンクーバー市立図書館を中心とする周辺の12自治体の図書館はインターリンクinterLINKと呼ばれる広域利用連合を形成している。各自治体の図書館の登録者であれば、住所に関係なくお互いの図書館を無料で利用できる。この協約により各自治体の住民は近隣地域内の68の図書館を利用できることになる。各図書館を利用するには、利用を希望する館にそれぞれ登録することが必要で、インターリンク内に住所があること、またはインターリンク内の図書館のカードを持っていることが、新規登録の条件である。

　インターリンクは州政府が費用負担しているので料金の負担はない。さらに大きな利点になっているのは、インターリンク内で借りた本はインターリンク内のどの図書館でも返却できることだ。貸出された館に本が届くまでは返却されたとは見なされないが、12の自治体をつなぐ配送システムを利用し、どの館に返却しても貸出館に本が戻るしくみになっている。

　さらに、インターリンク内での配送システムを利用し、貸出館で用意された資料を近くの館に届けてもらうことも可能である。

　インターリンクで心配されるのは、バンクーバー中央図書館のような中心街にある大きな図書館に利用が集中するのではないかということだが、交通の便の良い場所にある館などに実際利用が集中する傾向があるにせよ、一方的に負担を背負うものではないそうだ。利用を数値化し、その比率によって州政府から各図書館に対して補助金が出されるのだそうである。

　中国人が多く住むリッチモンド市の図書館が中国語の図書を充実させているように、コミュニティの様相によって図書館サービスもそれぞれに特色がある。利用者はさまざまな図書館を使いわけることもできる。12の自治体の図書館が連合し、競合できるほどに、それぞれ充実しているという見方もできるのではないだろうか。

　インターリンクのねらいは、利用者の図書館利用の幅を広げることに他ならないだろうが、一つの側面として指摘したいのは、近隣地域内の図書館間貸出を減らす可能性があるということだ。利用者自身が所蔵館に直接申込むことができ、自分で借りに行くことも、近くの図書館に届けてもらうこともできる。実質的なモノの流れや動きは変わらないが手間と意味が違ってくるはずだ。

　VPLでは図書館間貸出Interlibrary Loansには料金がかかる。ブリティッシュコロンビア州内への依頼に対しては50¢、州外（カナダ全土、アメリカ）への問い合わせは5C$、資料が見つからなかった場合も含めサービス料を払う。さらに資料が見つかった場合、図書館によるが多くて15C$～20C$の費用がかかる場合がある。図書館間貸出を申し込む時に「あなたが支払う意思のある限度額」を示すことになっている。

Libraries in Partnership

Sharing Resources to Serve You Better

Public Library InterLINK
110 - 6545 Bonsor Avenue
Burnaby, British Columbia
V5H 1H3

Phone 437-8441
Fax 430-8595

USER INFORMATION
LIBRARY DIRECTORY

PUBLIC LIBRARY
inter LINK

Library service when and where you need it.

インターリンクの案内パンフレット

第5章 インフォメーション・テクノロジーと図書館利用

植松 貞夫

はじめに

今後の図書館における最も大きな変化は、情報技術(Information Technology:IT)の進歩からもたらされるであろうことは明確である。情報技術の進歩は数年先を予測することさえ困難なほど急激かつ広範囲であるが、「知りたい人」と「知らせたい人」がネットワークを介して時間と距離の壁を越えて結ばれ、個人レベルで情報の受信と発信ができることにより実現する、容易かつ迅速に入手できる知識や情報の量と質の飛躍的な向上は、人々の生活の諸相を大きく変容させるに違いない。これを「情報革命」と呼び、社会全体に及ぼす構造変化は19世紀における産業革命に匹敵するインパクトをもつと考える人も増えてきている。この新しい社会にあって、英国首相トニー・ブレアの「情報スーパーハイウェイは、単に豊かな人たちないし大都市の人たちにのみ役立つものであってはならない。過去に本が一般の人々を向上させる存在であったように、オンラインネットワークを介する学習は普通の人々をより良い未来へ導く手段として役立とう。しかし、本が公共図書館で誰でも利用可能であったように、スーパーハイウェイの利益は誰もが共有できるもの

トロント・レファレンス・ライブラリー1階検索コーナー

でなければならない。それは機会の平等を実現する真のチャンスである(Young Country 1996)」の言を待つまでもなく、情報技術の進歩がもたらす利益を誰もが共有できるようにしなければならないという社会的要請を受けて、図書館の果たすべき役割は大きなものがあるといえる。

情報技術革命に対応する公共図書館のあるべき姿は、英国の文化・メディア及びスポーツ局からの委託を受けて作成された報告書『New Library: The People's Public』に詳細かつ具体的に記述されているところであるが、カナダの公共図書館ではそのいくつかが既に実行されている実態を見学することができた。

■5-1 図書館利用でのコンピュータの役割

(1) コンピュータへの傾斜

カナダの図書館を見学して印象深かったことの一つは、各館ともに情報技術革命への対応に大わらわであることである。例えば、北米でも屈指の規模を誇る(延床面積80,000㎡、蔵書収容能力500万冊、1973年開館)トロント大学中央図書館(John P. Robarts Reference Library)では、1階のスペース全体をさながらインターネットカフェ化する改修工事が進められている。既に改修を終えている部分では80台余りのパソコンが、朝8時から24時まで利用に供されている。そして改修中のゾーンではマルチメディア対応型のパソコンも装備されるとのことであった。案内してくれた図書館員はこのスペースの説明に最も多くの時間を割き、いかに先進的であるかを熱心に語ってくれた。一部のコーナーのインテリアデザイナーはナイトクラブなどのデザインを得意とする人で、色使いや照明に若い利用者に受ける工夫がされている。6月という休暇期間中にもかかわらず多くの学生でにぎわっていた。

一方、わずか1,000㎡余りのバンクーバー市立図書館の分館にあっても、インターネット接続他のパソコンを7台も配備し、これからの図書館サービスはディジタル情報の提供にシフトすると宣言している。その極端な例を隣接するリッチモンド市図書館のアイアンウッド分館にみることができる。1998年に開館したこの図書館も1,000㎡余りの面積にもかかわらず、まずOPAC端末が、"Library Look-up"と呼ぶ入口近くに5台、一般用開架書架の側面に2台、そして中国語専用OPAC端末が1台の計8台、インターネット接続パソコンは、上記の入口近くのOPAC群に隣接して"Degital Reference Station"と名付けて8台、別に甲板をガラスとしその下に表示画面を隠す形で利用者のプライバシーを配慮した閲覧テーブル形式で8台、そして児童スペースにも"Children's Discovery Station"として5台(しかもこれのマウスは大きく小

アイアンウッド・ブランチ・ライブラリーの子ども用コンピュータ。特製の大型のマウスを用いている

机に埋め込まれたディスプレイ。
アイアンウッド・ブランチ・ライブラリー

さな子どもにも操作しやすいように配慮されている)、ラウンジ内の"Internet Cafe"スペースに"Web Browser"と呼び10台、そして極め付きはそのラウンジに隣接して"Computer Training Centre"と名付けられた部屋があることで、ここではしばしばパソコン教室が開催され、それ以外の時は自由な利用に供されるのだが、ここに教室形式でパソコンが20台と、利用者用に提供されているパソコンが合計で59台も配置されているのである。しかも、それらがすべて利用者のメイン通路に沿って配置されていて来館者をパソコン利用へと誘い込む。さらには、ガラス壁で仕切られた静粛読書室の28の座席にはすべて情報コンセントが装備され、利用者が持ち込んだノート型パソコンを接続することができる。まさに未来の図書館と宣言している一方で、この図書館では小規模かつ後発の図書館として、計画段階から基本コンセプトとしてディジタル資料への依存を強くうちだし、活字資料は最小限にとどめている。

インターネット接続端末の利用料金はどの館でも無料である。多くの場合、「1時間以内」など時間制限が表示されているが、端末の予約制はとっておらず付近に行列待ちの人がいなければ続けて使用することができる。メールを受発信できる図書館もある。しかも"No Chat"と大きく表示されている図書館もみられたように、インターネットパソコンは情報取得のための手段として位置づけられている。いずれにしてもどのようなサイトにアクセスしどのような画面を見ているかを監視する係員はいない。また、利用にとまどう人に個人的に指導している館もあった。

このように、図書館の種類と規模を問わず、情報のディジタル化への対応を急ぎ、とりわけインターネット接続パソコンを大量に配置しようとしている様は、少し大げさに言えば、強迫観念に駆られているかのように思われるほどである。

(2)傾斜を急ぐ理由

我々からすると少し急ぎ過ぎではと思えるほど、ディジタル情報化への対応に傾斜する理由としては、カナダの社会がもつ固有の特性に起因することと、カナダの図書館がかかえる問題への対応という側面もあろうと思われる。その両面を考察してみると以下のようなことが言えよう。

1)カナダ社会の特性に起因する理由
　a)隣国米国との関係

カナダは建国以来社会のすべての領域・分野において、常に米国との違いつまり国としてのアイデンティティを明確にしたりこれを保つことが国の基本政策である。少数民族や移民との融和、犯罪の少なさなど米国のもつ負の側面を反面教師としていることは今回のツアー中にも何回も聞

リッチモンドヒル・パブリック・ライブラリーのコンピュータ・ワークステーション

リッチモンド・セントラル・ライブラリー　パソコン教室

かされたところである。ところが、インターネットに代表されるIT革命は、距離の制約を受けない情報の流通をもたらす。連邦や州の政府レベルでは、このように米国の文化や情報がダイレクトかつ猛烈な勢いで流れ込むことにより、米国文化にのみ込まれてしまい、国としての独自性を失うのではという危機意識が強くなっているとのことである。同様に、電子商取引に代表される経済革命は、既に北米自由貿易協定（NAFTA）により米国の一部と化しているカナダの経済を一層米国経済圏に引き込むことになろう。このような背景から、インターネットに積極的に取り組むことで、米国に負けない量の情報を発信し、カナダの社会と文化のアイデンティティを保持しようとする政策、またIT立国として21世紀におけるカナダの生き残りをかけた政策が大きな要因と指摘できる。

b）広大な国土

　カナダ連邦政府のホームページには「Connecting Canadians（つながっているカナダ人たち）」の言葉が頻繁に登場する。カナダは国土の広さが日本の27倍、人口は4分の1の3,000万人、人口は米国との国境沿いの南部に集中しているが、北極やグリーンランドに近い北部の辺境にもイヌイットなどの先住民族が住んでいる。これらきわめて居住密度の低い地域の人々は、教育や医療という生活の基本的な部分から雇用機会や娯楽に至るまで、疎外感や不平等感を抱いているであろう。このため、インターネットで全国民をつなげ「機会均等原則」を保証することが連邦政府の方針になるのであろう。

　さらに、南部にあっても一部の都市を除いて人口密度は低いから、多くの国民は潜在的に孤立感を抱いているといえよう。そこで、ネットワークで結ばれた「つながっているカナダ人」は、メールやチャットでいつでも他人と話ができることにより、この孤立感や不安感を解消することができるのであろう。自宅にパソコンを持てない人にとって、図書館内でもメールが受発信できるようになっていることは、重要なコミュニケーション手段が確保されることであり、精神的な癒しの効用をもつものと思われる。

　社団法人の日本教育工学振興会（JAPET）の視察報告によれば、カナダの中学生の1/3、高校生の1/2が電子メールを使った経験があり、中学生以上の73％が自分でウェブサイトを作ったことがある。また小学生の76％、中学生の80％、高校生の87％が外部のデータベースにアクセスしたことがあるという。さらに、面積で日本の1.7倍、しかし人口は300万人の南西部のアルバータ州では、約2,000の公私立学校で55万人の児童・生徒が学んでいるそうであるが、辺境に住む子

トロント大学図書館のOPAC

ども向けに19のインターネットを使ったバーチャル（仮想）スクールが設けられ、全体の1％の5,500人が利用している。4年前には200人足らずだったというから、利用者が急速に伸びている様子がうかがえる。

こうした実績の上に、図書館でインターネット接続パソコンを積極的に開放することで、学校教育と生涯学習との接続がスムースに図れると考えられているものと思われる。つまり、広大な地域に散在している国民の孤立感をいやし、しかも連邦政府や州政府が過大なコストをかけずに生活の基本的サービスを均等に提供する上で、インターネットは極めて有効な手段と認識されていることが、かくも通信技術への投資に熱心な理由の第一に挙げられよう。

2) カナダ図書館固有の課題
 a) 財政の逼迫

図書館の固有の課題としては、行政の財政逼迫の影響を受けて図書館の経費も削減を余儀なくされていることが第一に挙げられよう。当然資料購入費は減らされているから、それに代えてパソコンを置くことで利用者がアクセスできる情報の量を保障しようという発想は理解できるところである。とりわけ、米国の無数のインターネット上のサイトから豊かなマルチメディア形態をとったリソースが公開されているから、この蓄積を言語の障

害なく享受できるカナダ国民には、ごく自然な考え方であろう。また、出版があまり活発とはいえないカナダにあっては、従来からも図書館で購入する図書の多くは米国で生産されたものであったとのことであるが、対米通貨レートの切り下げ以来、図書の価格そのものが割高になっていることもこれに拍車をかけているといえる。

　より本質的には、カナダの図書館がそうであるように、全ての図書館がオンラインネットワーク上で並列に結ばれ、どこの図書館からも国内外のいずれの図書館にもアクセスでき、ディジタル化された情報が入手できる状況であれば、ディジタル情報の取得というレベルでは、個々の図書館の蔵書量の大小や、自治体単位の本館-分館という縦系列は意味をもたない。後発の小規模な図書館が、活字資料としてはペーパーバックなどのポピュラーブックスと児童図書だけに重点を置き、それ以外の領域については先発の大規模図書館とインターネットに依存しようとすることもごく自然な発想であるといえよう。

b)多文化社会

　次に、カナダには多くのESL(English as a Second Language)の移民が居住していることも理由に挙げられよう。図書館はこれらESL層に対する英語教育機関としての役割を負ってきていると同時に、彼らの母国語資料（新聞・雑誌・図書）の提供に努めている。しかし、多様な民族の母国語資料を多数備えることは個々の図書館にとって財政的負担であり、収集上の困難も予想に難くない。さらに、OPACで多言語資料をそれぞれの言語で検索するシステムの実現はほとんど不可能と思われる。ある図書館では相当な数を占める中国語文献すらOPACデータには収録していないとのことであった。そのため、ESL層を対象にパソコン教室を開催することでインターネット活用技術等の情報リテラシーを向上させ、彼ら自身の手で母国語の情報源にアクセスできるようにさせることが効率的であるとの判断もあろう。

　そして、移民1世に加えて2世、3世が人口の大きな比率を占めている。彼らの自分のルーツを知りたいという人間としてごく自然の願望を満たすことにおいて、グローバルなネットワークは大きな助けになるであろう。

トロント大学図書館

5-2 インターネットの負の側面

(1) 図書館離れの促進

以上、カナダの国を挙げての積極的な取り組みとその背景を考察してきたが、ここで過度なインターネットへの傾斜は図書館不要へのシナリオになりかねないことも指摘しておきたい。メディアミックス型図書館を指向すべきと考えている私としては、率直に言って、トロント大学図書館では、学内LANが張り巡らされていてキャンパス内のどこからでもインターネットに接続できる環境が整備されているのに、「何故これほどまでに図書館内に、しかも活字資料と階が離れた1階に、インターネット接続のパソコンを集結させなければならないのか」理解できなかった。これでは学生の活字資料離れをより促進する結果になるのではと思われるからである。現実に、わが国の大学図書館の利用者を見ている限り、情報の取得へのインターネット依存傾向は急速に進行している。学生に参照され利用されているほとんど全てはインターネット上のディジタル化情報で、活字資料ではない。従来型の閲覧座席スペースが閑散としているのに対して、インターネット接続端末には多くの利用者が群がっているのは、どこの大学図書館でもごく一般的な光景となっている。実は、前述のトロント大学の図書館でも学期末であったこともあろうが、館内の閲覧者はごくわずかで、1階のインターネットコーナーのみににぎわいがある状態であった。学期中は順番待ちまで生じるほど混雑するそうである。このような状態を容認したままインターネットへの傾斜を強めれば、誰もがパソコンを自宅にも、職場にも備える状況になった時には、図書館へ来館する人はいなくなってしまうであろう。

(2) はたして情報取得能力の格差は解消できるのか

先にリッチモンド市のアイアンウッド分館におけるコンピュータ教室について紹介した。それ以外の図書館でもたくさんの数のパソコンを自由に利用できるように提供している。これにより、いわゆる情報リテラシーの高水準での平滑化、情報取得能力の格差の解消を図っている。

しかし、現在、米国では産業から文化に至る急速なIT革命の進展に伴い、パソコンを自在に操る「情報を持つ者」と「持たぬ者」の断絶、すなわち「ディジタル・ディバイド」が顕在化し、さらに貧者と富者の格差を広げることが懸念されている。このディジタル・ディバイドは、農村部よりも都市が、貧困層よりも富裕層が、また黒人や中南米系よりも白人の方が高いコンピュータ保有率と重なる。クリントン大統領も最近の演説で「人と人の壁を破壊するこのパソコンが、新しい壁を作っていくほど悲劇的なことはない」と不平等の拡大に警鐘を鳴らしている。

情報技術は一方で急速に簡単に、誰もが使いやすいように進化しながら、一方ではより先鋭化・高度化している。技術を既に取得している人、自在に操れる人がより迅速により的確に必要とする情報を入手できる構造はゆらぎそうもない。

図書館が本当にこの面で貢献できるのか、情報弱者の救済施設的な域を脱却できるのか、この先おおいに興味がもてるところである。

(3) 文化の主役の交代か

活字文化とインターネットとの関係で衝撃的であったのは、ブリタニカ百科事典の行き詰まりが報じられたことである。活字出版形態の百科事典からCD-ROM百科事典へと移行し、続いてインターネット上で有料のサービスを提供するという事業も、個々の情報に限定すれば無数のサイトからもっと詳しい情報が流されていたり、集金システムに投資がかかるというような理由から、昨年の秋に行き詰まってしまい、現在は無料で公開されている。

2000年2月7日の日経新聞コラムで野口悠紀雄東大教授は「現在米国で進行中のIT革命の本質は、これまでの経済活動を担ってきた主役の劇的な交代の過程なのである」と述べ、ブリタニカに代表される「伝統的なビジネスの行き詰まり」を例にインターネットでさまざまな情報が無料で入手できるようになると、すべての情報関連産業が、今後さらに深刻な問題に直面するだろうとしている。

図書館は伝統的なビジネスなのか？ IT革命の旗手たり得るのだろうか？

さて、日本は

日本の現状を見るに、公共図書館におけるインターネット接続パソコンの利用者開放は遅々として進行していない。接続料金の負担の問題、悪質サイトへのアクセスをどのように規制するかといった技術的な問題もある。また、わが国の公共図書館ではパソコン講習会を開催できるほどパソコンを所有していないから、インターネット接続端末を公開しても、既にその利用技術を有する一部の人のためのサービスになってしまうであろうこと、かといって個別に指導ができるほど職員に時間的な余裕がないという状況からの制約もある。

わが国ではまだ社会全体でのインターネットの普及率そのものが米国やカナダに比べ低いから、図書館がこれに余り積極的でないことも目立たないといえる。カナダの図書館人が視察に来たら、逆に日本の図書館の「のんびりさ、鈍感さ」に衝撃を受けるのではと思われる。わが国の公共図書館がいつまでも手をこまねいていて良いとは思われない。

第6章 さまざまなサービス・工夫

■ 6-1 利用者教育プログラム

阿部明美

カナダの図書館サービスで特に充実していると思われたのが利用者教育USER EDUCATIONである。

USER EDUCATIONを文字どおり訳せば「利用者教育」ということばになるだろうが、このことばに抵抗を感じる図書館員は多い。確かに、図書館が利用者に対して行うべきことは「サービス」であって「教育」ではないだろう。しかし教育が"人間が社会的存在になることを促進・援助する活動"であり、利用者が「より自由に図書館を使いこなすための知識を身につける」ことを望み、そのための援助をサービスとして考えるならば、このことばはそれほど間違ったものではない。教育が「公権力によって教えこむこと」と思われてしまいがちな日本の教育のありかたへの反省を頭の隅に置きながら、他に適当なことばが見当たらないため、あえて「利用者教育」ということばを使うことにする。

図書館で行われるプログラム

カナダの図書館では、利用者に対し多くのプログラム活動が行われている。日本の図書館では集会・行事活動として位置づけられる分野だが、内容的にかなり充実した幅広い催しが行われている。カナダには日本の公民館にあたるものがない。図書館は講座などの学習集会活動が行われる場所として地域の重要な位置にある。

トロント・パブリック・ライブラリーでは、What's ON - Library Programs & Servicesという定期刊行物を季刊で発行している。内容は基本的な図書館サービスの案内の他、展示や集会プログラムなど市内全館(全98館)の総合的な催し物情報が主となっている。講座などの個別案内のちらしも見受けられたが、粗雑な紙にホチキス止めとはいえ20ページから30ページもの雑誌(無料)による宣伝効果は大きいと思われた。

1999年4月～6月号のトロント・パブリック・ライブラリー発行の『What's On』北部版によれば、プログラムの案内は以下のようなものである。

成人向
・Writers & Writing:著者を招いて

の座談会、読書会、創作講座など
- Law & Tax Clinics：法律、税金相談（予約制）
- その他一般：ホームページの作り方、育児や家庭教育講座、健康、園芸、インターネットを利用しての就職

ヤングアダルト向
- ホームページの作り方、著者を囲む会、インターネット、子守教室

小学生向
- 「著者に会おう」、マンガの描き方、映画、紙飛行機やペーパーフラワーなどの工作教室
- イースターエッグ作りや母の日、父の日のためのプレゼント工作
- 4～5歳から7歳向けとして「夜のお話会」Good Nighit Tales 7:00-7:30

幼児向
- 午前のお話会、午後のお話会、土曜のお話会、
- 近隣の幼稚園や保育園のクラスを招いてのお話会
- 多言語によるお話会、ベビータイム＝赤ちゃんとお母さんがわらべうたや手遊びや指遊び、お話を楽しむ会
- 親や育児をする人のための絵本や子守歌、指遊びや歌を学ぶ会

　対象別の案内とは別にハイライト・プログラムとして、有名作家を招いての講演会や国際老人年にちなむ催し、展覧会なども案内されている。

　これらのプログラムはすべて図書館で開催されるものだが、それぞれ館名と館の番号が表示してあり、見開きにあるトロントの地図上で会場を簡単に探すことができる。

　こうした催しものには、図書館主催のものばかりではなく、他の行政の企画や市民グループが開催するものも含まれている。図書館を会場とする全ての催しが、主催が誰かを問わず総合的に案内されていることは、利用者にとっては便利なことだろう。とかく情報を選別、色分けしがちな日本の行政システムのありかたを考えてしまう。

　バーナビー・パブリック・ライブラリーのポール・ホイットニー館長によれば、カナダの図書館では、特に成人に対するこのようなプログラム活動は、個々の図書館によって取り組み方が異なるという。想像に難くないのだが、財政規模のさほど大きくない多くの図書館では、こうした活動に当てる予算には限度がある。バーナビーでは、市の文化予算を利用し作家の講演会を開く程度であり、プログラムは少ないという。たとえばバンクーバー・パブリック・ライブラリーでは、専門のスタッフが置かれ、図書館友の会などの協力も得て、広がりのあるプログラム活動を行っているが、むしろ例外的であるとのことである。

　バーナビー・パブリック・ライブラリーではESL(English as a Second Language)のクラスが開かれているが、これはコミュニティ・カレッジに場所を提供しているもので、図書館のスタッフが直接関わるものではない。ESLは訪れた多くの図書館で必ずといっていいほど話題として取り上げられたものであるが、多文化主義政策の一つの現れではないかと思われる。バンクーバー・パブリック・ライブラリーでは、英語を習い始めた子どものためにESLのおはなし会を開催している。

子どものためのプログラムはどの図書館も充実し重視されており、内容も似通っていて年齢別おはなし会や工作を楽しんだりの遊びの会である。

利用者教育プログラム
これらの豊富で多彩なプログラムの中にあって、利用者教育は、他の多くのプログラムと並列的に扱われ案内されていたが、トロント・レファレンス・ライブラリーの『What's On』1998.9月～11月南部版では、USER EDUCATION PROGRAMSとして、特に下記のようなものが用意されて案内されていた。
・インターネット講座
・職探しのための会社情報検索講座
・検索能力向上のためのワークショップ
・オリエンテーションのための図書館ツアー
・逐次刊行物情報の検索のための援助セッション
・映画演劇情報のインターネット検索
・ESL English as a Second Languageクラス
・絵画コレクションの案内（グループ対象）

上記のプログラムは、無料のものもあるが多くは有料（2C＄～5C＄）で、中には事前に予約金30C＄が必要なものもある。

これらのテーマから想像できる利用者教育の主旨は、トロント・レファレンス・ライブラリーの機能と設備の利用者へのさらなる普及と言えるだろう。各プログラムの背後には、トロント・レファレンス・ライブラリー内の各主題別図書館の蔵書や設備、特別コレクションが見える。

TPLの基本方針（8-1 トロント・レファレンス・ライブラリー参照）からわかることは、図書館が単に資料・情報を提供するに留まらず、積極的、能動的に人々や地域社会に対しサービスをすすめていこうとする姿勢である。利用者教育の根底にはこのような図書館の姿勢があり、利用者が図書館を活用する能力を高めることにより、セルフサービス化をはかることではもちろんないはずだ。

TPLの機関誌
"What's On"

VPLの機関誌
"check it out!"

6-2 多文化サービス

阿部明美

深井耀子氏の『多文化社会における図書館サービス―カナダ・北欧の経験』(青木書店1992)は、カナダの図書館を見学するにあたって貴重な情報を与えてくれた。しかし、この本によって与えられた印象＝多文化サービスこそカナダの図書館サービスの中心、特色であるに違いないという予測は見事にはずれてしまった。力を入れるも何も、カナダ社会の前提として「多文化」「多言語」が存在し、図書館サービスはまさにそのような状況の中で展開されているのである。

カナダの多文化状況

カナダの歴史は移民の歴史である。アメリカなどの欧米諸国が移民の受け入れを制限する中で、カナダは今も移民の受け入れについて寛容な政策をとっている。統計データを見ると、地域ごとに各移民グループが目立って多い地域はあるとはいえ、どの都市を訪れても、あらゆる肌の色の人々がさまざまな組み合わせで街を歩いている。人種による職業的な片寄りもほとんど感じることはない。

たとえば19世紀半ばには人口のほとんどが英国系だったオンタリオ州も、現在では英国系だけでなくフランス系、西ヨーロッパ系、東南アジア系、東ヨーロッパ系など多種多様な民族で構成されていて、州都トロントは多種多様な民族が共存するカナダの縮図であるそうだ。実際に訪問してみての印象も「多民族共存・共生の21世紀社会の先取り社会、カナダ」という前評判に違わないものであった。

カナダ国内の主な民族集団は下記の通り。

英国系　　40.4%
初期の移民グループ、独立戦争でアメリカから移住した王統派を含む。オンタリオ州、沿海州に多く住む。

フランス系　27.0%
初期の移民グループ。17～18世紀の北アメリカにおけるフランス帝国の中心だったケベック州にはフランス系カナダ文化が存在し独立運動もある。

イタリア系　3.0%
第二次大戦後の移民。オンタリオ州に多い。

ロシア系　2.0%
20世紀初めのヨーロッパの混乱により移住。マニトバ州など大平原地帯に農業移民として定住。

アジア系　21.5%
地理的に大平洋に接しているブリティッシュコロンビア州はアジア系の移民を多く受け入れてきた。日系も多い。

先住民　1.5%
インディアンとイヌイット

(数字は1995年の統計による。
　://www.mmjp.or.jp/cnw/Canada)

多文化主義政策

1971年、トルドー首相(当時)は、多文化主義を政策として掲げた。

過去100年間において、世界有数の移民受入国でありつづけてきたカナダは、民族的、宗教的、文化的に非常に多様な国民によって構成されるようになってしまった。

1960年代、初期の移民グループである英国系に対抗するフランス系のナショナリズムに対し、二言語二文化政策がとられたものの、その他の民族集団や政治的に意識を高めつつあった先住民の支持を得るものではなかった。カナダの現実を見つめたさまざまな運動や議論の末に到達し今も継続しているのが「二言語の枠内での多文化主義」政策である。その目的は「差別的な排除や文化的な嫉妬を払拭し、すべての人がフェア・プレイできる社会の基礎をつくる」ことにある。1970年代以降、この多文化主義政策をもとに具体的な動きが生まれ、各民族集団の組織や活動への援助金が設けられ、数々のプロジェクトが始められた。

この政策はもともと自由党政府が生み出したものだが、保守党が1984年に政権を獲得してからも継続され、1988年には保守党政府により、多文化主義法が議会で可決された。この法により多文化主義の基礎がさらに確実で恒久的なものになった。

深井耀子氏の前掲書によれば、このような政治的な動きとはまた別に、市民の潜在的な資料要求に応えようとする、図書館の努力とサービスの発展の歴史もあった。しかし多文化共存を社会の基本とする政策の意味は大きい。多言語資料の収集と提供はごく普通にどの図書館でも行われており、特別なこととして強調し紹介されるようなことはなかった。目についたいくつかの事例を列記してみる。

いくつかの事例
①ノースヨーク中央図書館
North York Central Library

1998年1月に、広域合併によりメガシティ・トロントに合併された旧ノースヨーク市の中央図書館であったNorth York Central Libraryは、トロント公共図書館全98館の図書館網の中で、トロント・レファレンス・ライブラリーと共に、レファレンス・ライブラリーとして位置付けられている。合併したとはいえ、98もの図書館がシステムとして協働するにはまだ時間が必要のようで、館内におかれたパンフレット類には旧ノースヨーク市立図書館のシンボルマークであるフクロウのマークが生きていた。パンフレット類の中で注目されたのが多言語による利用案内で、同じデザイン、内容で30数言語分用意されていた。基本的な案内の最後に、「英語学習者のためのサービス」として以下のサービスが案内されていた。

図書館はあなたの英語の上達もお手伝いします。英語を第2外国語として学ぶ方のための英語教室が、無料で多くの分館で開かれています。また、全ての分館では英語を学ぶためのテキストやテープを用意しております。

②トロント・レファレンス・ライブラリー
Toronto Reference Library

トロント・レファレンス・ライブラリーは、東京都立中央図書館と同じように、貸出は行わず館内閲覧を基本とする参考調査のための図書館であるが、多言語資料だけについては例外的に館外貸出を行っている。カナダにおいて「外国生まれの人に対する場当たり的な取り組みが、新移民への意識的なサービスとして確立されるのは1950年代のトロント市」と言われるほどに新移民の図書館ニーズに対

する調査(1959年)を実施したH.C.キャンベル館長や、自らも移民の一人であったヴェルトハマー館長等の政策により、トロント市立図書館は早くから多言語の蔵書を充実させてきた。5階にはランゲージ・センターがあり、多言語や英語を学ぶためのAV資料を含む語学資料の他、他言語資料の膨大なコレクションがある。これらの資料は例外的に貸出をしている。

③リリアン・H.スミス図書館

1922年にトロント市立図書館の児童部門として独立した「少年少女の家」を前身とする、リリアン・H.スミス図書館は1996年11月にオープンしたばかりの新しい図書館である。

その名の由来は、入口の2体のグリフォン像や1階の児童図書館、地階のお話の部屋、4階の児童書の特別コレクションとして世界的に知られるオズボーン・コレクションに表われているものの、地域の図書館としては周辺住民の多数を占める中国系の利用が多い。オズボーン・コレクションを除いた蔵書78,000冊の内中国語とベトナム語が13,000冊ある。2階の成人開架部門には中国語映画のビデオのコレクションがあり、最もよく利用されているという。

インターネットもできる電子図書館部門といい、少年少女の家の伝統にこだわらず、地域の要望や実態にあったサービスを展開していることが興味深かった。

このようなサービスの背景には中国系住民からの寄付がある。また1階の児童部門には、中国政府から寄贈された中国語の児童図書コレクションがある。

④リッチモンド公共図書館

リッチモンド市はバンクーバー周辺の人口およそ14万の町で中国系移民がおよそ33%(50,210人)を占めるという。Richという名前のめでたさが多くの中国系移民を引き寄せたという風評の真偽はさておき、サービスを(税金の)投資とその見返りとして合理的に考える姿勢がうかがえたと思うのは、私の偏見だろうか。英語圏の国であることを忘れさせるような表示や案内、多数の中国語図書、ベストセラーの複本の多さを誇る「本屋のような」サービスは、多様なカナダ社会と図書館のありかたを教えてくれた。

リッチモンドでのインタヴューで知ったことだが、中国語図書の目録は手入力、市販MARCは利用されていなかった。マルチメディアの導入や機械化が進んでいると思われたカナダにあっては意外なことに思われた。1館で独自に作る目録には限界があるだろう。中国語の多様さや出版の状況を考えると簡単ではないかも知れないが、さらに進んでいていいはずの分野だと思われた。

21世紀に向けて壮大な実験をしていると言われるカナダの多文化社会であるが、2世3世と世代が交代し、異文化間の交流が進展する中で、どのように変動していくかは大変に興味深い。

一方において人もモノも国境を飛び越えて行き来することはますます盛んになるだろう。これはカナダに限ったことではない。

言語を持ち、その言語で話し、読み、考えることができるという、基本的な能力は生きていく上で必要なことで

あり、日常使用する言語で情報を得ることは保障されるべきである。図書館が利用者の要求に応えることは当然とはいえ、多言語資料の提供にはそれなりの〈コストと手間〉がかかる。図書館がサービスとして取り組むためには〈コストと手間〉の必然性が行政当局から認められなければならないだろう。必然性は何によって認められるかといえば、やはり〈利用の可能性〉＝住民の要望ということになるだろう。

トロント在住のリリーフェルト・まり子さん（国際交流基金トロント日本文化センター勤務）によれば、多文化サービスの継続と発展のために最も必要なことは、それぞれの言語集団＝各民族グループからの図書館に対する要望だそうだ。

「住民からの要求がなければ、図書館がいくら頑張っても多言語資料に対して予算がつかず、ニーズがないということでしだいに消滅していくであろう。それぞれの民族が声を大にしてニーズを訴えなければならない。消極的であったり、英語でうまくコミュニケートできないと、ポリシーの決定権をもつ図書館管理者のもとに声は届かない」

多文化が共存する社会に生きるためには、他者としてお互いを認めあいながらも、自らの立場を強く主張するという冷静で厳しい態度が必要とされるのではないだろうか。

■ 6-3 省力化の工夫

阿部明美

カナダの図書館見学の中で強い印象を受けたことは合理化と省力化である。

人口2,996万人に対し、公共図書館数3,672館、年間貸出冊数203,204,296冊（『ユネスコ文化統計年鑑 1998』統計データは1995）により、1人当たりの貸出が国全体で6.78冊という利用の高さから想像される図書館の業務量はけして少なくはないはずだ。

現在カナダでは、財政赤字を減らすため行政改革が急務とされているようだが、医療や教育など社会政策費が削られる傾向にある。1998年1月のトロント市の広域合併は行政改革の一環であるようだが、合併した7市の図書館全98館がすべてトロント・パブリック・ライブラリーとして一つに統合され、大幅な人員削減が行われている。

このような状況にあって、効率的に図書館を運営しながら、利用者の高い利用と満足を得ることが、図書館と図書館員に求められている。以下、省力化に貢献していると思われるも

貸出カウンター（バンクーバー中央図書館）

のを取り上げてみた。

ブック・ディテクション

欧米の状況をみるともはや公共図書館の基本＝標準装備になりつつあるかもしれない。見学した図書館ではよほど小さな図書館でない限り、ブック・ディテクションがない図書館はなかった。大きな図書館では入口と出口は完全に分かれていて、出口付近には専任のガードマンが複数待機していた。本の亡失を防ぐことは、実際の図書館の仕事を進める上で考えれば、蔵書の穴埋めのために費やす労力、亡失した本をリクエストされた場合の探索にかける労力の節約である。

ブック・ディテクションは蔵書という市民の財産を守る目的で導入されるものだろうが、省力化の効果も考えられるべきである。

貸出・返却カウンターのレイアウト

貸出、返却カウンターは完全に分離していた。イメージはスーパーマーケットのレジ、空港の出入国カウンターのようであり、職員は利用者と同じ目線で立って応対する。

見学先の多くは中央図書館規模のものが多かったのだが、それらの図書館では入口と出口の動線は決まっていて、逆方向からは進入できない。入口の動線上に返却カウンターがあり、出口の動線上に貸出カウンターがある。それぞれの場で行われることは決まっている。

貸出と返却がそれぞれ同じカウンターでつながっていて、混雑の度合いによって業務を融通しあう日本にありがちなカウンターのありかたは、少人数で運営する小図書館では有効かもしれない。しかし、貸出量が多く規模の大きな図書館では、このように分離されたカウンターのあり方はそれぞれの業務を円滑に進める上で有効であろう。

予約本（HOLDS）の受け渡し方法

たいへん驚かされ信じにくい光景だったのだが、利用者からの予約により用意された本がカウンターの内側ではなく、フロアの専用棚に並べて置

入口と出口が完全に分かれている（バーナビー・パブリック・ライブラリー）

かれていた。利用者自身が、氏名のアルファベット順に並べられているこの棚から自分の予約した本をとり出して、貸出カウンターで手続きを受ける。書名は一応、紙で覆い隠してあり、被せた紙の背にあたる部分に予約者名がマジックで書かれてある。システム上、予約者以外のカードで借りられないように設定されていることや、ブック・ディテクションがあることで可能になる方法だが、プライバシーの面で問題はないのだろうか。

「確かにプライバシー尊重の視点からは問題も感じています。ですから設置場所をなるべくスタッフが常駐しているカウンターの近くにしたり、ときどき見回るなどの注意をしています。背に書いている名前を電話番号に変えることも検討してるところです」とカルガリー市のシグナルヒル・ライブラリーのキャリー・ミーク館長は言ったが、直に手渡すことは一切考えていないようであった。しかし電話番号で識別させることの方がよい問題ではないかと思われる。電話番号と本の題名(紙をめくれば簡単に見えてしまう)がつながることの方が無気味だ。同館では、職員の名札の表示はただStaffとだけあり氏名はなかった。理由を聞けば職員のプライバシーを守るためとのことだったが、そのような心配がある地域ならばなお、とかなり疑問を感じた。

トロント・レファレンス・ライブラリーは館内閲覧中心のレファレンス図書館だが、閉架書庫の出納も同様に行われていた。申し込むと20分から30分後に専用棚に本が並ぶ。職員による呼び出しも手渡しもいっさいなく、利用者は時間を見計らって棚に行きさえすればよい。

予約本(HOLDS)の棚

すべての図書館でこのようなことが行われているわけではない。例えばカルガリー市のフィッシュクリーク・エリア・ブランチ(地域図書館 蔵書20万冊規模)では、同市内のより小規模なコミュニティ図書館(蔵書10万冊規模)であるシグナルヒル・ライブラリーが前述のようであるのに対し、専用のカウンターで職員の手を介して予約本を受け渡していた。

カウンターを作れば人員を配置しなければならない。図書館サービスの浸透と共に予約は増える一方である。日本の多くの図書館が予約の受け渡しを貸出カウンターで行っているが、忙しい時間帯には受け渡しに手間取り列ができることもある。館の規模や曜日によって、貸出カウンターとは別に予約の受け渡しを行うカウンターを設ける工夫も必要になる。

単に受け渡し(しかし日本では利用者に「本を手渡すこと」に大きな意味を持たせて考えられる向きがある)であるが、カナダの事例にはかなり考えさせられた。

電話による自動連絡システム

リクエストされた本(Holdsと呼ばれるもの)が用意できると、一斉に機械

音声で利用者の電話に連絡が入るコンピュータ・システムが多くの図書館で採用されていた。督促も同様に自動の電話連絡により処理される。一部の本については音声により書名も伝えることができるというこのシステムは、北米の図書館ではかなり一般化しているという。日本でも導入を検討している自治体があると聞くが、リクエスト・サービスの浸透と件数の増加の中で、都市部の図書館を中心に、今後普及していくと思われる。1日のリクエスト受付件数が100件を超えるのが普通の状態では、連絡にかかる人件費も通信費も大きな負担となる。コストを下げるための工夫が必要だ。

電話という通信手段は、携帯電話が普及したとはいえ完全にパーソナルな伝達手段とはいえない。受け手が必ずしも本人とは限らないからである。日本の多くの図書館では利用者との連絡に際し、本人以外には書名を伝えないことを原則としているはずだ。そのことがかえって利用者とのトラブルを生むという現実もあるにせよ、図書館の姿勢として正しい。誰が何を読むかという利用者のプライバシーは必ず守られなければならない。

一日中リクエスト連絡のために電話をかけ続ける図書館がある中で、電話自動連絡システムの導入による省力化は魅力的に思われる。しかし、自動電話により連絡を受けることについては、個々の利用者との合意が必要となるだろう。

理想を言えば、通信手段（電話、ファックス、e-メール、はがき）を利用者自身が選べること、連絡時に第三者に書名が伝えることをよしとするかの選択ができることなど、利用者自身が選択できることが望ましい。資料により、時と場合により、連絡についての要望も違うはずだ。急いで必要な調べものの資料もあれば、次の来館時に受け取れば間にあう娯楽のための小説もある。

問題は費用と手間である。利用者個々の自己管理も求めたいところだ。自動連絡システムで一律に合理化した上で、個々の特別なケースについて個別対応できるようなしくみをつくることが必要と思われた。

電話・インターネットによる自動延長

利用者が自宅などから電話で自分でプッシュボタンを押すことにより、貸出の延長手続きをすることができる。ノースヨーク・パブリック・ライブラリーでは、ホームページにアクセスし同様のことを自分自身で行うことができる。カナダでは延滞料が徴集される。図書館に行かなくても延長できるシステムは、利用者サイドにたった便利なものである。

自動貸出機

貸出カウンターも併設されていたが、どの図書館にも自動貸出機は一般的に設置されていた。

リッチモンド市のアイアンウッド・ブランチ（蔵書4万冊）は、1998年の12月に開館したばかりの新しい図書館だが、コンセプトは「本屋のような図書館」で、本の並べ方やベストセラー本の複本を潤沢に揃えるなどサービスに特徴を持たせている。"ハイスピードの自動貸出機"を3台導入し、貸出カウンターは1つのみである。

貸出の8割以上が自動貸出による貸出であるという。

ブックポストの工夫

　同じくアイアンウッド・ブランチでとられていた方法であるが、返却は返却カウンターではなくすべてブック・ポストへの返却によって行われる。ポストでの返却には、資料の種類により利用者自身がある程度仕分けして返却する事が求められている。子どもの本、中国語の図書、AV資料、その他という具合に大雑把であるがある程度仕分けされているので、返本作業もある程度効率化できる。ブックポストの口は壁に開けられていて、壁の向こうでは職員により返却作業が行われている。壁が利用者と職員を隔てているので対話もない代わりに、作業が利用者に中断されることもない。単調で孤独な作業であることもあり、この作業はおよそ1時間半程度ごとに貸出カウンターと交代で担当されるそうである。

開架化

　バンクーバー中央図書館は、1995年に移転新築した際、一部の貴重図書を除いて全面開架に踏み切った。利用者が直接資料に近づけることは、利用者にとってはより良いサービスと言えるだろうし、出納の手続きと手間を省略できる。バンクーバー中央図書館では、分野ごとに分かれた各フロアの書架設置スペースのおよそ半分に可動式書架が採用されていた。

　トロント・レファレンス・ライブラリーも1996年の二度目の改装の際に開架を増やしている。その理由はやはり出納のための労力を減らすことにあった。改装と同時に250人のスタッフを180人に減らしたそうである。

　開架することで心配される書架の乱れに対しては、利用者への注意を喚起することと、日常の書架点検を綿密に行う以外の対応策はなさそうである。トロント・レファレンス・ライブラリーでは、書架のあちこちに利用者に対し「自分で本を書架に戻さないよう」にメッセージが貼られていた。

資料別に投入するブックポスト　（上）表、（下）裏

■6-4 障害者サービス(Special Needs Services)

稲垣房子

近年、わが国でも図書館の障害者サービスという概念の変革が求められている。カナダで行われている障害者サービスは、従来日本で捉えられていたより、幅広い概念を持ち、なんらかの障害を持つ人へ対し、どのような手段で図書館の資料・情報を届ける努力をしているか、という意味で使われる。

カナダは国の政策として、高福祉社会をめざしてきた歴史がある。公共サービスもすべての人の社会参加を促すという、しっかりしたバックボーンをもっている社会だと感じられた。図書館サービスの具体的な例として、アルバータ州の人口80万の中都市カルガリー市立図書館をとりあげる。

公共図書館での障害者サービス

カルガリー市立図書館の特別なサービス(Special Needs Services)というのは、すべての市民を対象に考え、図書館を利用するのになんらかの障害のある人に対してさまざまな手段を講じるという考え方である。案内パンフレットの1行目に、すべてのカルガリー市民は図書館サービスを受ける権利があると明示してある。

障害をもつ利用者への援助窓口

カルガリー市立中央図書館5階には、図書館利用に特別な援助を要する利用者への窓口がある。街の中心地の大変便利な立地にあるが、出向きにくい人は、近くの図書館で相談して、資料配送のサービスなどが受けられる。市内には、中央図書館と16の分館がある。

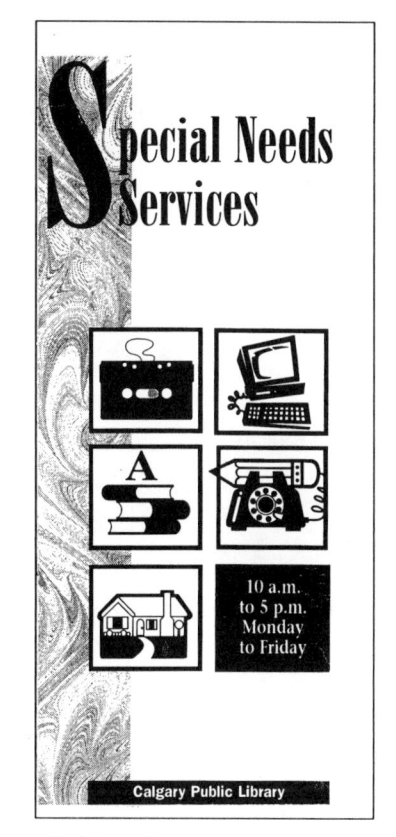

障害者サービスを受けるのに適格であるかどうかは、カナダ視覚障害者協会CNIB(The Canadian National Institute for the Blind)[1]の会員であるか、医者の証明が必要である。適格者とは、視力障害や身体障害(本を持ったり、ページをめくることができない)や学習障害のために、普通のプリントを読むことができない場合、もしくは、年齢、病気、または、障害のために6週間以上自宅から出るのを制限されているような場合をさす。

---

[1] CNIB(The Canadian National Institute for the Blind) Torontoに本部をおく視覚障害者のためのNPOの団体。図書館をもって、全国的な資料提供をしている。英語仏語のフルテキスト資料を提供している。http://www.cnib.ca/

特別資料(Special Materials)
・音訳図書(Talking Books)

　Talking Books(音訳図書)と呼ばれる、図書を朗読しカセットテープに録音したものは、視覚障害者あるいは、高齢者など活字資料の利用が困難な人へのサービスの中心となっている。小説、歴史書、伝記を含む10,000以上のタイトルから選べる。英語以外の言語もある。新着資料の案内リストも定期的に発行している図書館も多い。タイトルの多いことも魅力があり、大変よく利用されている。貸出期間は6週間である。公共図書館で、Talking Booksを備えている図書館は多く、新着テープの内容案内を含めて紹介リストを発行している図書館も見うけられた。テープの再生装置がない場合は機器の貸出を受けられる。日本でもカセットテープの音訳図書からCD-ROM(あるいは、インターネットなど)へのデジタル化への事業がスタートしている。視覚障害者向けのCD-ROM(音声)の再生装置は日本でもカナダでも実用化され、急ピッチで普及している。北米で存在する多くのカセットテープに入った図書がデジタル化すると、さらに、大きな資料群となると予想される。

・大活字本(Large Print Books)

　資料面で目につくのは、たくさん並べられた大活字本。訪問した公共図書館の多くがLarge Print Booksコーナーをもち、よく利用されていた。利用者の資格制限はない。大活字本の出版は英米では大変出版点数が多い。新刊ベストセラーやミステリー、ロマンス、ノンフィクション、児童書など、選択幅も広い。カルガリー市では、20,000タイトルがあるといわれた。読み易い活字でデザインされ、ちらつきのない紙(non-glare paper)に印刷されている。ちなみに日本の大活字本は、著作権の問題もあり、大活字本の出版点数そのものがまだ限られている。出版されているもの全点を図書館で購入しても利用者のニーズに充分にこたえられていない。高齢者にも大変好評な大活字の拡大は是非広げていきたい分野である。

技術的な援助
・聾唖者からの電話を受ける
　サービス TTY
　(Telephone Device for the Deaf)

　カルガリー市立中央図書館では、聾唖者からの直接電話を受ける専用電話がある。利用者はキーボードとディスプレイを使って、電話をする。また、聾者にとって有効なのは、字幕いりのビデオテープ(closed captioned materials)である。カナダは映像文化の水準は大変高いが、その中でもビデオに音声(しゃべっている英語など)が字幕で入っている製品の率が高く、ケースにクローズト・キャプションを表す耳のマークが表示されている。再生する時に、字幕表示の簡単な機器が必要。英語や仏語の聞き取りに自信のない人にも有益である。

・電子機器の利用

　中央図書館では、障害のある人のために、特別なコンピュータ・ワークステーションを備えており、カルガリー市立図書館の目録を検索したい場合は、画面を拡大したり、音声出力で利用できる。文書をテキスト変換して、音声で読み上げる機械もあるので、色々の使い方ができる。

自宅への配送
（Homebound Library Service）

　病気や障害のために図書館へ来館するのが困難な人は、資料の自宅配送のサービスをうけられる。届ける先は、自宅や病院、高齢者施設などに広がっている（カナダらしく、冬だけサービスを受けるケースもある）。利用者に合った本を選んだり、定期的に交換される。自治体により、方式や利用資格は少しずつ異なる。

　B.C.州のバーナビー市立図書館でも、宅配サービス(Home Delivery Service)として大型バスが用意され、会議室には、サービスを受ける市民の写真パネルが飾られていた。大量に運び込まれる交換資料、施設でボランティアと一緒に本を選ぶ高齢者たち、病院のベッドに横たわりながら本を読む人、録音図書を聞いている少女など。ひとりひとりの生活の場に本や録音図書が届き、資料も人も生きている姿が見られた。

英語が充分に読めない人へのサービス　(Literacy, English as a Second Language)

　海外から移住してきた住民の多い国なので、国レベルでもその人たちをサポートする政策はとっているが、各自治体でも教育現場を中心にサポートシステムがある。公共図書館でも、資料コーナーを設けているところが多い。語学関係書や学習テープが多い。成人のための語学教室や学習室を設けている所もある。

ボランティアの働き

　図書館の多方面にわたるサービスの広がりと、きめ細かさを保っていくのに、ボランティアの力が大きく働いている。カルガリー市の場合、300名

車椅子用入口。ボタンを押す

トロント・レファレンス・ライブラリーの入口

以上のボランティアが、毎年、14,500時間この障害者サービスにたずさわっていることになる。「あなたは、なにを助けられますか?」というよびかけが、図書館からなされている。市民との良好な関係を保ち、自分たちの図書館であるという強い意識の中で主体的な活動がされている。カナダでは、日本に比べて、労働時間が短く、プライベートな時間が大変長い。40代50代で正規の仕事をリタイアする人も見受けられる。社会生活の中で、ボランティアの活動は年齢を問わず活発に行われている。今回訪問した図書館の中で、職員労働組合の力が強いところでは、ボランティアは一切図書館には入れない、というところもあった。また、市民による寄付も様々な形で受けいれている。

高齢者サービス

先に述べたように、障害をもつ人にも、利用しやすい図書館をめざすうえでは、高齢者には、特別な配慮がなされる。来館利用者にも、高齢者は多く見られるし、来館が困難な利用者には、宅配サービスが実施される。カルガリー市立図書館のホームページをみると、高齢者のためのページがあり、「あなたが生まれ、育ったのは、アルバータ州・カルガリーですか?」という問いかけとともに、1950年代、1960年代の写真が表示される。古い建物、凍りついたBow川や大草原など、懐かしいものばかりで、それを見て、「是非思い出を書いて送ってください」と呼びかけている。同じく、高齢者のページには、おじいちゃん・おばあちゃんの項目があり、孫とつきあう方法や、本を友達にして、孫をスポイルしない方法などが載っている。孫に本や雑誌を贈りたい時のアドバイスも、年齢別に案内してある。高齢者のページはボランティアのページにリンクしており、「あなたの力を、手助けを必要とする人に」と呼びかける。その功労によって、表彰された高齢者の誇らしげな写真も紹介されている。

障害のある学生のためのサービス（トロント大学）

トロント大学は学生数約38,000人、専任教員約3,000人、18学部とその他研究所も擁する、北米でも有数の大学である。大学全体で、情報技術を最大の武器として教育・研究に新しい世界を切り開こうという機運が満ち溢れている。北米の図書館学教育の中心でもある。書誌ユーティリティUTLASの生まれた、中央図書館ロバーツ図書館を見学した。7階建の壮大な施設である。学術情報センター(The Centre of Academic Technology)などが中心となり、教員・学生への技術的な支援を行っている。さらに、適応技術資源センターATRC(The Adaptive Technology Resource Centre)[*2]では、障害をもつ学生のために、窓口があり、そのための研究開発も行っている。ここで開発された支援ソフトウェアは学外に提供されており、海外でも広く使われている。ATRCのホームページは、障害者を支援する数多くのサイトにリンクされている。ATRCの重要な機能は、なんらかの障害を持つ学生が入学すると、学生は面接を受けて、学習を進めるうえ

[*2] ATRC http://www.utoronto.ca/atrc/

で、どういう障害があるのか、など、その人に応じたサービスを相談する。職業を得るのに必要な将来への援助も行う。教員も使うことができる。一般市民にも開放している。1階には、障害者サービスの機器をそなえた部屋がある。盲導犬を連れた視覚障害の女子学生と友人（ボランティア？）がいた。部屋に常駐する専任職員が指導してくれる。パソコンはMacintoshとWindows98対応機があるが、主にWindows98を使っている。視覚障害者のために3つの技術が提供されている。大きなディスプレイが用意されていて、キーボード操作によって画面が変わると、状態を音声で知らせてくれる。ディスプレイの文字の拡大、画面の音声読み上げ、もうひとつはコンピュータのスクリーンにでたものを点字に変換するという方法などが提供されている。マウスは使いにくいので、キーボード操作が多い。この部屋を中心として多面的な支援がなされる。

障害者サービスのまとめ

　公共施設の姿勢としては、まず、障害のある人にもできるだけバリアーのない環境で図書館を利用してもらうための工夫をこらすこととされている。車椅子利用者やベビーカー利用者が立ち往生しないように、建築設備上も配慮がなされている。サインなど館内の表示にも、その姿勢が貫かれている。冬の厳しいカナダでは、人の行動の前に雪や氷が大きく立ちはだかる。トロント大学のロバーツ図書館でも、学生達の要求で、高い階段を経て2階に設置されていた利用者入口が、1階に移された経過がある。案内してくださった教授もそれを誇らしげに語ってくださった。

　聴覚障害者への支援は、公共図書館で見かけただけでも、子どもが聴覚障害を持っていないかを発見する方法、高齢になればだれにでも訪れる聴覚の減退にたいするインフォメーションなどがよく目立つところに置かれている。障害者への支援ソフトなど、技術面は日本でも決して低いわけではない。日本の大学図書館でも障害をもつ学生への受け入れを整備するために様々な試みがされ、全学的な取り組みをしている所も増えてきた。日本の公共図書館での障害者サービスも色々な歴史をたどり、多くのサービスが展開されつつある。しかし、図書館員や社会での支援意識にはかなりの開きがあると感じられた。

参考資料（以下は障害のある学生のための案内リーフレットを参照したもの）

> University of Toronto John P. Robarts Research Library:
> 学生向け障害者サービス―大学生活への参加を可能にするために
>
> **登録手続き**
>
> 　手助けや特別な便宜供与を必要とすると思われる学生は、できるだけ早く障害者サービスに連絡してください。便宜供与には準備に時間がかかる場合があります。障害の度合いと、どのような時に、どういったサービスが必要かということに関する的確な説明文を用意してください。
>
> 　まず、入学許可相談員に会って、それぞれに必要なサービスの内容について話し合ってください。資格ありと認められた場合、学生は、どのような対応が適切かを決めるために、設備適合コンサルタントや学習障害専門医、職業セラピストなどの専門職、障害者学習補助専門員を照会されます。相談内容は秘密で、当該学生の承認を得た場合だけ情報公開されます。成績証明書には特別な便宜があたえられたことについて、注釈はつきません。医療証明書や評価は便宜が実施される前に必要です。入学許可された人の面接の間に、要求された書類の型について話し合われます。ノートをとったり、実験や試験を受ける場合に受入態勢が必要だと認められた学生は、登録用紙に書き込み、学習予定を示してください。登録申し込みの期限は中央事務室かウェブサイトで確認してください。
>
> **関連サービス**
>
> 　ATRC(The Adaptive Technology Resource Centre)は障害をもつ人々の援助テクノロジーにアクセスしたり、関連の情報を供給したりします。ATRCは視覚技術サービスを含みます。補助装置プログラムが必要な場合は416-978-4360に電話してください。詳しくは416-978-4360まで電話してください。ロバーツ・ライブラリーのマイクロテキストは印刷物を随意の形式で提供したり、その他にも障害を持つ人のためのサービスを用意しています。詳しくは416-978-5355まで電話してください。

参考文献：
『21世紀の情報専門職をめざして―カナダアメリカ合衆国における図書館情報学教育と情報環境』倉橋英逸等著　1998年　関西大学出版部

■6-5 ライブラリーフレンズ

阿部明美

　カナダにも、アメリカ同様にライブラリーフレンズ（図書館友の会）という市民のボランティア組織がある。組織の概要を、VPL（バンクーバー・パブリック・ライブラリー）を例として紹介する。

　VPL図書館友の会(FRIENDS OF THE VANCOUVER PUBLIC LIBRARY)は、1995年のバンクーバー中央図書館の移転・新築時を契機に組織されたもので、「図書館の価値を認めボランティア的な立場でその普及と支援に関わる」ことを使命とし、およそ650人の会員および家族会員がいる。

　目標として掲げていることは以下のようなことである。

・図書館の蔵書やさまざまな活動の資金を集めること
・図書館利用者を増やすこと
・講座や行事の企画に参加し、協力すること
・プロジェクトを実行すること
・寄付を奨励すること
・図書館を宣伝すること

　友の会の活動は次のような委員会に分かれている。
・理事会
・図書館活動支援
・募金活動
・ボランティア
・登録者拡大
・講演会
・宣伝、広報
・親睦会
・分館とのつながり

　VPL図書館友の会を紹介するパンフレット（厚紙、カラー印刷、美しくデザインされたもの）のその1面は入会申込書になっている。年会費は個人会員は大人12C＄、シニアおよび学生8C＄、家族会員は15C＄、その他に寄付も募る。

　パンフレットには但し書きとして以下のことが明記されている。
・友の会はけして図書館職員の仕事をするものではありません。
・友の会は図書館の政策決定に関わりません。
・友の会はあなたができること以上のものを期待しません。

　入会申込書の裏面は、活動につい

VPLライブラリー・フレンズの入会申込書

ての個人の意向調査表になっており、自宅で会報を読むだけの参加から、イベントへの参加、会報の編集など、友の会との関わり方を自分で選択できる。

さらには最も連絡をつけやすい時間帯や電話番号を記入する欄もある。けして強要はされないが、主旨や目的に賛同した人が自分ができる範囲を決めて気軽に参加でき、希望によってはより深く活動ができる幅広いボランティア組織であることが伺えた。

VPLの年次報告 (Annual Report) では、全10ページの冊子の初めの見開き各2ページが、図書館、ライブラリー・ボード、図書館友の会それぞれの活動報告となっている。VPL図書館友の会がボランティア活動でありながらVPLの活動を構成する重要な位置にあることがわかる。他の図書館でもらった年次報告もそうであったが、年次報告は記録、統計が主の事業報告書ではなく、一般市民に対し図書館の1年間の活動の成果を知らせることを目的にしている。

VPLの年次報告では、図書館長、ライブラリー・ボードの議長、友の会の代表が各々に責任者として顔写真入りで活動を伝える他、活動のハイライトを写真入りで紹介している。統計データについては館長のページの下段に「860万の貸出がありました」などと1行程度で大まかな利用の実態を報告している一方、会計報告には1ページを使い、収入と支出を図表化し、人件費も含めたポイントが掴みやすいような報告がなされている。

1998年度の支援金と寄付金は、全収入31,219,400C＄のうち618,300C＄で、全体の約2％であった。ちなみに1997年度は3.5％であり、定期的な収入では（もちろん）ない。

寄付金が収入に占める割合は必ずしも多くはないが、寄付金集めは友の会の重要な任務とされていて、寄付金を集めることで図書館に対しての市民の関心を呼び起こすような意味もあるように思われた。

ミシソガ・パブリック・ライブラリーでは、友の会の作った募金目標額（20万C＄）の集まり具合を示す展示が目を引いた。そのような寄付のあり方について寄付の成果が目に見えるかたちになっていることにも目を見開かされた。企業名が被さったコーナー表示、寄付者のネームプレートが付いた椅子、VPLのガラスの手すりには企業名が透かしで刻まれていた。

このような友の会活動は公共図書館だけでなく、大学図書館にもあった。

トロント・ユニバーシティ・ライブラリーにはThomas Fisher Rare Book Libraryという貴重書コレクションがあるが、ここにも友の会が組織され、募金や講演会活動、目録作成の支援や広報活動を行っている。

VPLの年次報告書（Annual Report）から

Financial Statements 1998

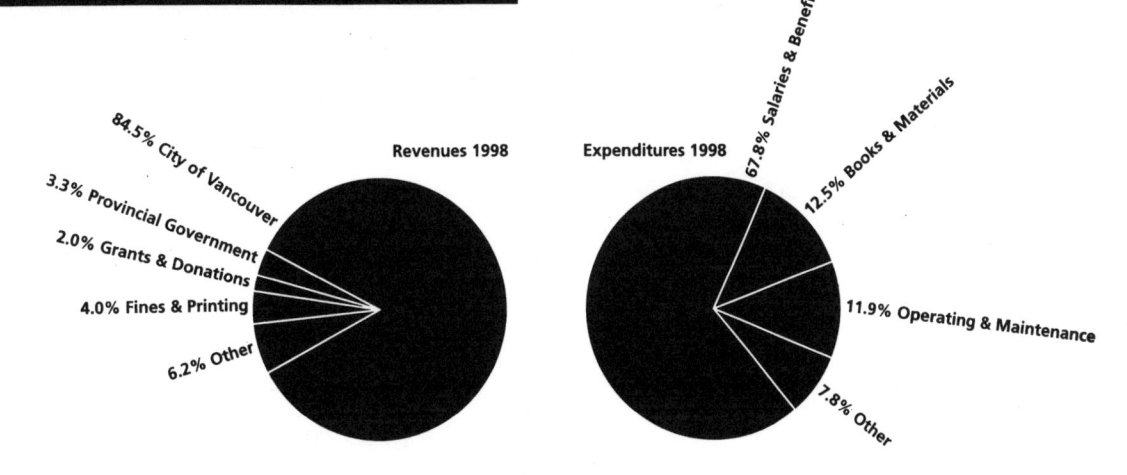

Revenues 1998

- 84.5% City of Vancouver
- 3.3% Provincial Government
- 2.0% Grants & Donations
- 4.0% Fines & Printing
- 6.2% Other

Expenditures 1998

- 67.8% Salaries & Benefits
- 12.5% Books & Materials
- 11.9% Operating & Maintenance
- 7.8% Other

Consolidated Statement of Revenues and Expenditures
For the year ended December 31, 1998

Revenues	1998	1997 (restated)
City of Vancouver	$26,380,700	$26,303,800
Provincial Government	1,036,100	1,020,900
Grants & Donations	618,300	1,119,400
Fines & Printing	1,255,300	1,288,300
Other	1,929,000	1,012,100
	31,219,400	31,744,500
Expenditures		
Salaries & Benefits	21,157,600	20,766,200
Books & Materials	3,896,200	3,788,800
Operating & Maintenance	3,715,900	4,427,700
Other	2,423,400	2,751,500
	31,193,100	31,734,200
Net Revenues (Expenditures)		
	26,300	10,300

■ 6-6 アウトソーシング・カタロギング

細川博史

　今回のツアーに参加させていただくについて、私は以下のようなことを自分の目的と考えていた。カナダでは、TRC（図書館流通センター）のようなアウトソーシング・カンパニーがどのように存在し、出版流通や図書装備、コンピュータ・システムの活用やMARCの整備に係わっているのかということを知ることであった。

　自分の英語能力不足や、先方の答えてくれる方々が、その分野の担当でないなどの困難な状況で、知り得た範囲のことについてご報告させていただきたいと思う。

　まず、次頁の表は、現地で確認できた主な図書館の採用状況である。

　この表の「状況」欄は、

システム：図書館運営用にプログラムされたソフトウェア（日本で言えば、NECや富士通などのメーカー系列会社が製作するものや、独自のソフトメーカーが製作するものがある）のことを指す。通常、ハードウエアのリース切れに合わせて、3〜5年に1回新システム切替の検討をするのが通例。

装備：購入する図書に施すバーコードラベル貼付などの作業を、外部委託されている機関または企業。

MARC：逐次発行されている書籍や雑誌、また、各図書館で所蔵している資料などから、ルール化されたフォーマット（このルールは常に統一化が望まれているが、現実は各機関・企業とも独自に作成している場合が多い。日本では、国立国会図書館作成のJapan MARCが唯一の公共機関作成MARCである）に従って入力されたものを作成し、累積したものを有料または無料にて提供する機関または企業。

という区分けをした。

　システムでは、地域を問わずDynixが最も多く、続いてDRA。

　装備会社では、アメリカで図書注文品早期納品システムの草分け的存在であるBaker＆Tyler社があがっているが、多くは地場の小さな専門会社とアメリカやカナダの大規模に展開している出版総合商社のようなところが入り混じり、図書館が使い分けているのではないだろうか。

　MARCは、カナダオリジナルのデータベースといえばUTLAS（以前は㈱丸善が日本の総代理店として販売していたが、近年IBM社に買収された）、ということを事前に伺っていたが、トロントのレファレンスライブラリーで少し声を聞いたのみ。現在は利用されていないようだ。

　現在の北米圏書誌ユーティリティとすれば、代表的なものはOCLC、WLN（この2つは1999/1に合併とのこと）、RLIN等ということのようだが、そういった機関の利用がどうやってなされているのかは、残念ながら調査できなかった。

図書館名	状況	考察
University of Toronto Robarts	システム=DRA Library System 装備=不明 MARC=不明	MARCは、ロサンゼルスメイドのものを使用しているとのこと
Toronto Reference	システム=VTLS 装備=不明 MARC=UTLAS	システムはDynixに変更予定、MARCは現在UTLASが存在せず、使用しているMARCは不明
Richmond Hill	システム=DRA 装備=Library Bound. co. MARC=DRA index	DRAシステムを供給している会社でMARCを提供しているのか？
North York Central	システム=DRA 装備=BiblioGraphicService MARC=不明	システムはDynixに変更予定
Calgary Signal Hill Branch	システム=Dynix 装備=UnitedLibraryService MARC=Dynix	Dynixシステムを供給している会社でMARCを提供しているのか？
University of British Columbia	システム=DRA Library System 装備=不明 MARC=US MARCの加工？	OCLC、RLINを利用しているとの報告書を拝見
Vancouver Central	システム=Dynix 装備=Baker&Tyler,Library Bound.co MARC=Electric Service	装備を複数の会社に振り分けて委託している MARCはカナダの作成会社
Burnaby Bob Pritty Metrotown	システム=JES 装備=自館 MARC=不明	システムの切替に伴いDynix,DRA等を検討中
Burnaby Renfrew Branch	システム=Dynix 装備=不明 MARC=Dynix	Dynixシステムを供給している会社でMARCを提供しているのか？
Richmond Brighouse Main	システム=GEAC/CLSI 装備=Baker&Tyler,Library Bound.co MARC=不明	装備を複数の会社に振り分けて委託している
Richmond Ironwood Branch	システム=不明 装備=Library Bound.co MARC=不明	

実情を見ると、利用しているコンピュータシステム名をMARCとして挙げる図書館が多いのは、システム上でそれを上記OCLCのような機関からオンラインでダウンロードし、加工するという作業手順からそう勘違いされているのか、もしくは装備のように、MARCもいくつかのシステム会社あるいは装備会社が独自のものを所有していて、そこに依存しているのか、ということなのだと思う。

　今回は、「Dynix」というシステムのことを調べてみた。
　Dynixシステムは、Ameritech社というアメリカ資本の総合商社の関連会社であるAmeritech Library Services(ALS) (http://www.amlibs.com/)より提供されている。
　世界34カ国、4000館の取引実績を持ち、アメリカ・ユタ州に本社を持つ。
　図書館の規模別、目的別にいくつかのヴァリエーションを用意していて、基幹システムとしてはこの「Dynix」と「Horizon」「NOTIS」がある。
　そして、これらのシステムで一様に強調されていることが3つある。ひとつはカウンター業務における<u>人的負荷の支援</u>、もうひとつは、<u>目録入力業務における支援</u>。最後に、いかに<u>インターネットと融合</u>しているか、ということだ。
　確かに現地でも、自動貸出機やコールバック(延滞者に、期日が来ると自動的に電話をかけてアナウンスするシステム)などを強調していたりした。また、手間のかかるレファレンスなどは一様に有料が当然、という雰囲気を感じる事が多かった。
　目録入力支援では、Z39.50プロトコル(http://www.isl.intec.co.jp/proj/Z39.50/intro.html)、ISO/ILL、UNIcodeに対応したものであることや、多種民族国家らしく、各言語のフォントを整備し、カットアンドペーストを多用したユーザーフレンドリーな構築ができることをアピールしている。

　ただし、その後幾つかの会社を調べていくと、大なり小なりのMARC作成支援企業がカナダの各地域に多数存在していることがわかった。そしてMARCレコードそのものは、もっとも流通しているといわれているUS MARCのみならず、多種のものが様々に利用されているのではないかと思われる。それは、日本のMARCメーカーがJAPAN MARC他3民間会社のみであるというのとは、異なる。
　これは、逆に日本語の難解さを示しているのかもしれない。記述があって、読みがあって、タイトルにルビがついてたりするものもあったり、同じ著者で同じ記述なのに、読みは違う、などというのは日本語だけなのではないか。
　だから、比較的容易に、こういったMARCの加工事業に参入できる土壌があるといって良いと思う。
　そしてカナダにとっての問題は、多種民族ということ。各言語の翻訳はできても、典拠の規則がどうなっているのか、というようなことをもっと知りたい。

　が、たくさんの人種、たくさんの言語の中で、おおらかに生きているカナダの雰囲気からすれば、なんだか「全て受け入れてから考えようじゃないか、まあ、ゆっくりやろうよ」と言われているような気もしてならないのだが。

第7章 図書館建設の準備およびビルディングプログラム

西川 馨

■ 7-1 時間を掛けた準備

説明を聞きたい内容として、訪問前に、建設経緯をと知らせてあったために、各館で建設したときのいきさつを説明してくれた。

それぞれ長い時間を掛けて準備がおこなわれている。建設の主体はあくまでもライブラリー・ボードであり、実際の準備担当は図書館である。そして事のある毎に住民投票に掛けられるという事実は羨ましい限りといえる。ビルディングプログラムが必ず作られており、また、財政難で規模が縮小された話を複数館で聞かされた。2～3の例を紹介する。

リッチモンドヒル
パブリック・ライブラリー

1979年(開館14年前)に建設を決定した。ビルディングプログラムを図書館内部で検討を始め、副館長のBarbara Ransomの手によって、第一次案を1988年2月18日に作成。

その後次のような修正を繰り返している。

  修正1 1988年3月9日
  修正2 1988年6月21日
  修正3 1988年9月10日
  修正4 1989年10月2日

1993年建設完了。

トロント大学
J.P.ロバーツ・リサーチ・ライブラリー

1959年(開館14年前)、将来計画委員会から、新館建設の必要性が提言された。翌年、新館計画委員会が設置され検討が開始された。図書館サービスの需要に急速な伸び、特に大学院課程の需要に伸びが著しかった。1965年、新館建設の報告書がまとめられ、同時に建築家・デザイナーが雇い入れられた。

1968年工事契約。4年半で工事完成。

1973年、開館。

カルガリー市
フィッシュクリーク・ブランチ

1979年(開館6年前)、地域からとライブラリー・ボードから図書館建築の発議が出され、両者でBranch Development Action Committeeという委員会をつくって、現実的なプランをまとめるように、運動をはじめた。1970年代は経済が上向きだったが、80年代に入って、不況の時代になった。さまざまな経緯のすえ、Area

Branchという本館と分館の中間的な機能のものとして建設が決定した。その間暫定的なものとして、270㎡の図書館をオープンしたら大変に賑わい、本格的なオープンに弾みがついた。プロポーザルにより複数の建築家から案を出してもらい、ライブラリー・ボードが選んで決定した。

　1985年7月開館。

ブリティッシュコロンビア大学
コーネル・ライブラリー

　1990年（開館7年前）調査委員会から収容力不足・非機能的・かつ、防火・耐震の基準に合わないと結論が出された。1990年、ボードオブガバナー（州機関か）が第1期工事（全体構想の約1/4）の予算を2400万ドル（約21億円）で承認した。建築家としてAitken Wregelworth＋Arthur Ericksonが選ばれた。1992年～1993年建築家と図書館員と大学計画事務所との間で何度も会議がもたれた。1994年7月、BC州の政府が工事契約を承認、1995年着工。

　1996年、セジュウィックの内容を新館に移し、セジュウィックの改装をはじめる。

　1976年全館開館。

バンクーバー市
セントラル・ライブラリー

　1989年、（開館6年前）住民意向調査の結果市民は中央図書館の拡張を望んでいた。

　1990年、住民投票の結果69％が新館建設に賛成であった。

　1992年、設計者選定コンペ実施。

　1995年、完成（この間驚異的に短い）。

　ビルディングプログラムはコンサルタントの協力を得て、8カ月をかけて図書館で作成した。

リッチモンド市
ブリッグハウス・メインブランチ

　1987年（開館5年前）住民投票がおこなわれ、図書館を拡張するのに、改築か建て替えかを問うたところ改築に決まった（その後技術的な問題から改築不可能となり新築）。

　設計者はテンダー（提案）をおこない、市職員の協力も得て、ライブラリー・ボードと図書館とで選んだ。

　ビルディングプログラムはコンサルタントの協力を得て図書館が作った。

■ 7-2 絶え間ない将来計画
—リッチモンド市の本館建設の例

　資料としてもらって帰ってきた建築計画書（1989年作成）の中から、リッチモンド市の建設準備の詳細を紹介する。この中に見られるように、図書館ないしはライブラリー・ボードは、常に図書館の将来のあるべき姿（将来計画）を持ち、それを作り変え、図書館建築についても常にイメージを蓄えているという事実がうかがえる。さらに、建設が具体的にスケジュールに上ると、蓄えているイメージを基に具体的な建築計画書を作成して、建設にあたる。その様子を読み取ることができる。

　リッチモンド市はバンクーバー市の南に隣接する人口（1999年現在）13万7千人、人口増加がカナダ中で最も大きいといわれる新興都市である。1941年には人口1万人であった。中国系の移民が多く、英語・フランス語以外を母国語とする人口が大変に多い。収入階層はB.C.州の平均よりもやや高い。バンクーバー市近辺の12市で構成している、インターリンクという図書館協力機構に加入している。
　図書館の生い立ちは、1935年頃から広域ライブラリーサービス機構（フレーザーヴァレイ・リージョナル・ライブラリー）に入っていたが、1970年に人口増加を理由に独自の図書館を持つように勧告され、1971年、市の図書館を持つべく準備を開始した。1976年1月1日、市の図書館が正式に発足している。図書館の建物は1971年に広域ライブラリーサービスの分館として、現在の位置に小さいもの（≒690㎡）が建っていた。

先行プランニング・スタディ
　1976年のリッチモンド・パブリック・ライブラリー発足直後、「リッチモンド・パブリック・ライブラリー・ボードの考えるサービス・建物プログラム」と称されるものが図書館長の手によって作られている。それは1976年〜1986年10年間の図書館発展プログラムのアウトラインが示されているものであった。このレポートによると、ブリッグハウス・セントラル・ライブラリー（1971年建設、690㎡）は、2段階に増築されることになっており、最終的には4,600㎡までになることになっていた（現実には1980年に第一段階の増築がおこなわれ、2,300㎡になったが、第2段階は未実施）。また、このレポートによると10年後には、さらに将来に向けてライブラリー・ボードが継続的な計画を作ることになっていた。
　次の10年のために1980年には、図書館内の委員会の手で準備が開始され、1984年9月にはプランニングレポートが作成されている。
　次の計画書は「ブリッグハウス・ライブラリー増築プログラム」と称されるものである。それは図書館職員の手によって1988年にまとめられたもので、ライブラリー・ボードと図書館職員間のディスカッションのためのものである。この文書が当ビルディングプログラムの作成に最も役立つものになった。

　1987年11月21日の選挙の日に、ス

ポーツ総合施設、コミュニティセンター、消防署の増築と一緒に、図書館・文化センターの更新計画が住民投票に掛けられ、承認された。住民投票後、文化センターを構成する各施設毎に職員の手で機能プログラムづくりに着手した。その機能プログラムが、カルチュアルセンター・ビルディングコミティーによって承認された後、コンサルタントに当ビルディングプログラム作成の依頼があった。

その後の経過は；
1989年3月　ビルディングプログラムが完成
1992年　新築開館
1996年3月に、その後5年間のサービス拡充計画、「RPL2001」が作成されている。

組織図

建設にあたっての意思決定の組織は、以下の組織図のようになっている。ここでも図書館の主体はライブラリー・ボードである。また当然のことながら図書館の代表が最終決定に関わり、図書館員の意見が、図書館建築コミティーに吸い上げられるようになっている。最高決定者が、市長ではなく議会になっている。わが国のように市長や役人が権限を持つのではなく、市民の代表である議会が最終決定権を持つのは、考えてみれば当然の事かもしれない。日本の、まだまだお上意識の強い民主主義について考えさせられるところである。

この場合のように、文化センターと公園が関わっているのは特殊なケースといってよいであろう。

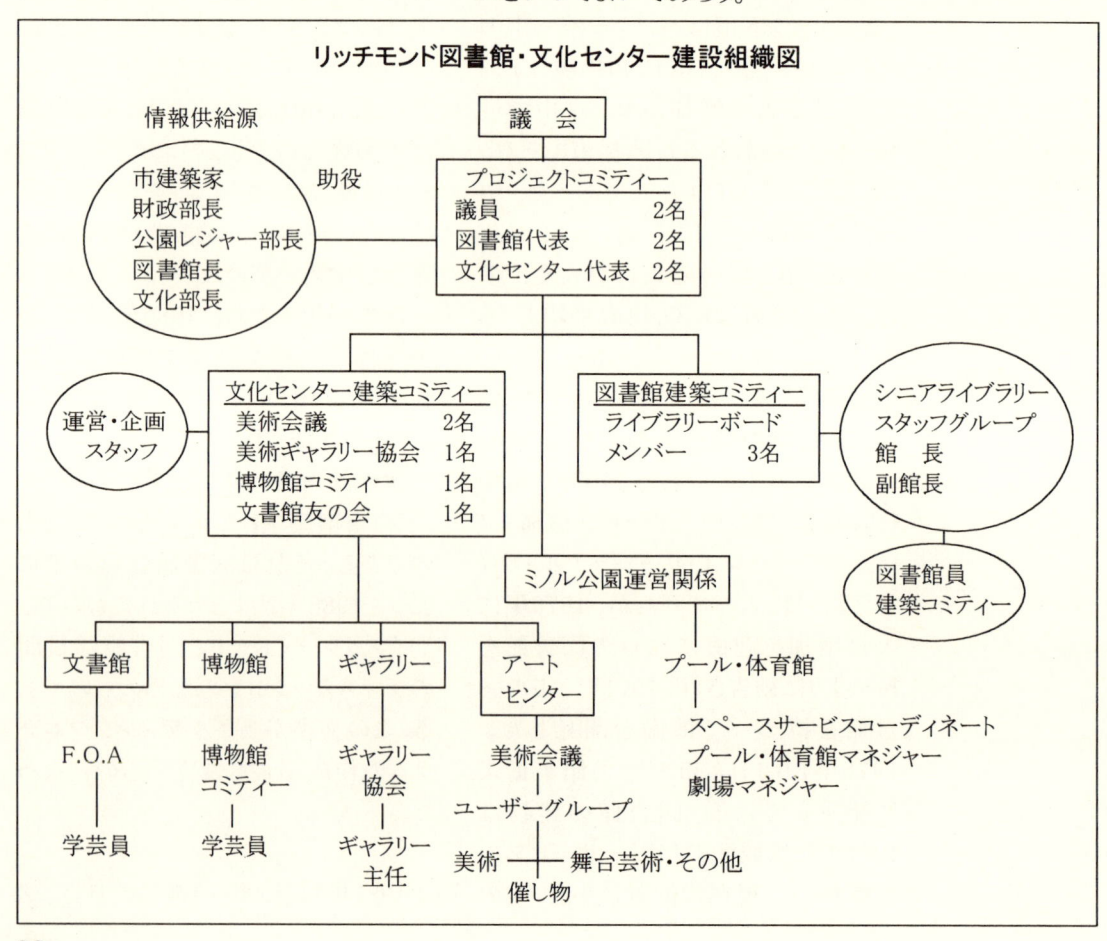

リッチモンド図書館・文化センター建設組織図

情報供給源
- 市建築家
- 財政部長
- 公園レジャー部長
- 図書館長
- 文化部長

助役

議　会

プロジェクトコミティー
- 議員　　　　　　　2名
- 図書館代表　　　　2名
- 文化センター代表　2名

運営・企画スタッフ

文化センター建築コミティー
- 美術会議　　　　　2名
- 美術ギャラリー協会　1名
- 博物館コミティー　　1名
- 文書館友の会　　　　1名

図書館建築コミティー
- ライブラリーボード
- メンバー　　　　　3名

シニアライブラリースタッフグループ
- 館　長
- 副館長

図書館員建築コミティー

ミノル公園運営関係

文書館	博物館	ギャラリー	アートセンター
F.O.A	博物館コミティー	ギャラリー協会	美術会議
学芸員	学芸員	ギャラリー主任	ユーザーグループ 美術　舞台芸術・その他 催し物

プール・体育館
- スペースサービスコーディネート
- プール・体育館マネジャー
- 劇場マネジャー

■ 7-3 図書館拡充戦略プラン 1996～2000

見学旅行を準備中にリッチモンド・パブリック・ライブラリーから送ってもらった資料で、RPL2001 STRATEGIC PLAN（戦略プラン）1996～2001というものがあって、将来のサービス拡充計画を表しているらしいということが分かっていた。訪問した際にそれを請求して手に入れたいものと考えていたところ、見学者全員に配られた資料の中にすでに入っていた。日本ではあまり見られないものなので紹介したいと思う。

バンクーバー・セントラル・ライブラリーから頂いた資料の中にもStrategic Planがあったから、多くの図書館で一般的に、同様のものが作られていると考えられる。

リッチモンドの例を見ると、取り組まなければならない課題を6つの分野に分け、それぞれについて改善策を具体的に記している。その将来に向けた計画性は見習うべきものがあるし、その具体的な記述には感心させられる。

1995年にライブラリー・ボードで採択されたものであるが、その前書きで、ライブラリー・ボード理事長は；
ライブラリー・ボードの責任は
・市民に優れたライブラリーサービスを提供する
・それを最も効率的に、財政負担少なく実現する
の2つのことにあるといっている。

イントロダクション

　われわれの図書館はこれまですでにすばらしい実績を築いてきた。ライブラリー・ボードとスタッフは現在のサービス、施設のレベルともに誇りに思っている。ライブラリー・ボードは図書館スタッフ、市職員やコミュニティグループと協力しながらできる限り価値の高い洗練された図書館サービスを提供することに成功してきた。われわれの納税者は、提供してきたサービスの幅と質について褒めてくれており、とりわけ、スタッフの親しみやすさと能力の高さを指摘してくれている。

　それらの成功の源は、図書館運営の計画性に負うところが大きい。計画書、地域の意向調査、そしてプランニングワークショップなどは図書館サービスの妥当性を正すのに役立ってきた。この数年図書館にとって今日的な意味のある3つの傾向が明らかになってきた。
・人口の増加および多様化
・財源の逼迫
・インフォメーション技術の急速な発達
　ライブラリー・ボードおよび図書館スタッフは、それらの傾向を、図書館サービスの向上・改善の良い機会ととらえるように努力してきた。

　RPL2001はリッチモンド・パブリック・ライブラリーがそれらの大きな変化にどのように対応していくかのアウトラインを示すものである。その対応は、納税者の増大する多様なニーズに適応しながら、ライブラリーサービスの継続的な発展・改良を確かなものにするであろう。その戦略的な対応の底に流れる4つの共通のテーマがセットされている。
・コミュニティグループとのパートナーシップを築く
・代わるべき資金の新たな財源を開拓する
・新しいインフォメーションテクノロジーを採用する
・絶えず、納税者に焦点を合わせる

　RPL2001はこれからの数年間、図書館が努力を集中すべき戦略的な分野を簡単に記している。それぞれの分野において、戦略達成のために必要な数々の活動の概要が記されている。実際の活動計画、目標値、必要な予算額などは、年々の実施計画、予算請求の中で準備される。このアプローチは、常に見直され更新されることにより、フレキシブルで現実的なプランとするために考えられた。

達成のための戦略

1 コミュニティ開拓戦略

1.1 リッチモンド市のコミュニティ部と協力しながら、コミュニティの他のグループ、協会とパートナーシップを強めていく

1.2 図書館に対する関心・認識を高めるために積極的なマーケッティング、プロモーション、メディア活用をする

1.3 代わるべき新たな財源として、コミュニティの寄付プログラム、ライブラリー基金、補助金、コーポレート・スポンサーシップ、有料催し物、コミュニティ・ボランティアプログラムなどを開発する

2 供給・配送戦略

2.1 本館およびステベストン分館の維持・向上、シェルモント分館の移転

2.2 図書館のコンピュータ・カタログへのダイアルアクセスの拡大

2.3 マルチメディア・インフォメーション・キオスクの、セカンド・エディションを進める

2.4 2001年1月までに、東リッチモンドに1,350㎡程度の分館を開館する

2.5 新たな出張サービス（まとめ貸し、BMまたはバンによるサービス、情報アウトレットなど）の可能性、効果を調査・検討する

3 蔵書・情報発展戦略

3.1 日常の利用の低い資料の間引きを重ねてコレクションの新鮮さを保ち、需要の高いものを補っていく。特殊コレクション（例えば、ESL、識字教育もの、大活字本など）を改善していく

3.2 ビデオ、オーディオブック、ペーパーバックを含む、ポピュラーコレクションの拡充

3.3 ラーニング・リソースセンターのソフトやマルチメディア・コレクションの拡充。および貸出CD-ROMコレクションの拡充

3.4 音楽CDの拡充

3.5 英語学習のためのマルチメディア・コレクションの拡充

3.6 全ての利用者にとって使いやすさを最大限にするために、貸出ポリシーの確立

3.7 情報への素早い、使いやすいアクセスを目指して、デジタル・レファレンス・センター（CD-ROMネットワーク）の発展

3.8 リッチモンド・パブリック・ライブラリー・ウェッブサイトや、数多くのパブリック・ターミナルへのアクセスを含むインターネットサービスの発展。および、バンクーバー・リージョナル・フリーネットへのアクセスを提供

3.9 インフォトラック2000（スペシャル・プリント・ステーション付きの、フルテキスト雑誌記事検索システム）の紹介

3.10 現在目録化されていないコレクションへの、アクセスを可能にする。すなわち、オーディオブック、中国語資料、定期刊行物、ソフトウエア、マルチメディア資料。オンライン・パブリック・アクセスの改善。コレクションへのユーザーエイド、ユーザーガイドを用意する。故障しにくいよう改良設計されたコンピュータ・ターミナルを提供する

4 サービス、催し物戦略

4.1 改良されたマーケットリサーチにより、催し物ニーズや優先順位を明確にし、それに対応する。またプログラミングを改善するために他の組織や専門家と協力する

4.2 インフォメーション・テクノロジーの急速な進歩の恩恵を十分に享受しながら、増加する利用者の需要と期待に応える。最終到達点を見定め、レファレンスとインフォメーションサービスの見直しをおこなう。

4.3 ライブラリー教育、識字教育、ESLの更なる発展、オリエンテーションプログラムの発展、高齢者サービスの発展、読書相談の発展、および図書館講座、オリエンテーションの拡充

4.4 マッキントッシュ、PCs両用のコンピュータ・ネットワーク、カタロギング資料、自動貸出機の装備、語学学習手段の充実、ワークステーションの実質的な数の増加などを通じてラーニング・リソースセンター・サービス機能の改良、拡張をはかる

4.5 コミュニティの増大する需要に適合するために、高齢者、家に篭る人への配達サービスを拡充する

5 事務処理組織化戦略

5.1 自動貸出、予約本、延長処理の電話オートメーションサービスなどのサービスの改善をしながら、自動化のテクノロジーの恩恵をフルに活用する。自動受入整理システム、自動資料管理システム、電子事務機器、電子的読書案内などの導入

5.2 バックルームからパブリックサービスへの配置換え、マネージメントチームの強化・継続性向上、職員募集のプロセス強化、インフォメーションテクノロジーの技能向上などを通じてRPL2001の実現のための組織構造改革をする

5.3 包括的なスタッフトレーニング、効果評価法の充実、パトロンからの注文・提案の絶え間ない聴取を通じて、職員のレベル保持・利用者満足の更なる向上を計る

5.4 新入職員オリエンテーションプログラム、職員の現職トレーニング、多文化トレーニング、職員ローテションシステムの発展、利用者サービストレーニングによって職員向上計画を拡充する

5.5 予算計画、人事手続の効率化、統計報告の強化により、事務サポートシステムを改善する

6 ボード戦略

6.1 新任理事オリエンテーションプログラム、図書館大会への参加、ワークショップへの参加、図書館ツアー、ボード向け「インフォメーション講座」への参加を含む、継続教育プログラムを通じて、ボードの理事教育プログラムを構築する

6.2 ボードの評価プロセスの発展、少なくとも1年に1日の戦略プランニングの日の設定、戦略プランニングプロセスの維持・発展などによって、ボードの効率化を確かなものにする

6.3 ボードポリシーの適切な発展、そしてボードポリシーマニュアルの見直し更新

6.4 ボードは、ローカル、州、国レベルでのデシジョンメーカーが、図書館の課題について情報を持ち、図書館を良く認識するための、リーダーシップと唱道の役割を果たす

6.5 館長の毎年の効果管理の見直しを指揮する

■ 7-4 建築計画書

いずれの図書館でも、建築設計への注文書とも言うべき、建築計画書を準備して建設に取りかかっている。訪問した中で、3つの図書館からのコピーを頂くことができた。

そこには図書館がこれからどのようなサービスをしようと考えているのか、それにしたがって図書館側は、どのような建築を欲しいと思っているのかが詳しく書かれている。それは設計者に伝えたいことは全て書き尽くす、微に入り細に入り書くという姿勢が貫かれている。そこでは、図書館建築を作るのは、図書館(ないしはライブラリー・ボード)であり、建築家はそれを技術的に、造形的に仕上げる役目ということになる。

かつて、鬼頭梓氏がトロント・レファレンス・ライブラリーの工事中にミノル ヤマザキ氏に会っての話に「日本の建築家は幸せだ。カナダでは膨大な計画書を読み、それを満たすことに大部分の精力を費やしてしまう」と嘆いていたという話を思い出す。

建築計画書は、図書館内部でまとめる場合もあり、コンサルタントに依頼して一緒になって作成する場合もある。その構成はまちまちである。複合建築であるために、複合についての記述の多いものや、図書館全体のあるべき姿について多くのページを割いているもの、各部分のあるべき姿について多く書かれているものなど、さまざまである。

以下、目次によってその構成の違いを見ることができる。

リッチモンドヒル・パブリック・ライブラリー　建築計画書　目次

この例では全体的要求事項は、比較的あっさりと書かれていて、各部分、各室の要求事項にほとんどのページを割いている。

全体的要求事項　　1　エントランス
　　　　　　　　　2　防火
　　　　　　　　　3　冷暖房
　　　　　　　　　4　照明
　　　　　　　　　5　建築の構成
　　　　　　　　　6　インテリアデザイン
　　　　　　　　　7　建築のデザイン
　　　　　　　　　8　窓
　　　　　　　　　9　サイン
　　　　　　　　　10　家具・書架
　　　　　　　　　11　市役所へのアクセス

面積表

公共利用部分　（番号を付した項目毎に1～3枚のシートがある）
  1 エントランス　　　　　　　2 サービスデスク
  3 貸出返却ワーキングエリア
  4 スピードリード（ベストセラーなどが置いてある）
  5 コミュニティ・ビジネス・インフォメーションセンター

集会室等
  6 音楽練習室　　　　　　　7 集会室
  8 催し物室　　　　　　　　9 同上キチン

児童部門
  10 児童部長室　　　　　　　11 ワークルーム
  12 サービスデスク　　　　　13 レファレンスエリア
  14 ノンフィクションエリア　　15 フィクションエリア
  16 絵本エリア　　　　　　　17 読書エリア
  18 催し物エリア

成人部門
  19 成人部長室　　　　　　　20 ワークルーム
  21 インフォメーションデスク　22 成人ノンフィクションエリア
  23 成人フィクションエリア　　24 レファレンスエリア
  25 雑誌エリア　　　　　　　26 地域歴史・系図室
  27 ヤングアダルトエリア　　　28 スペシャルライブラリーサービス

管理部門
  29 管理部門　　　　　　　　30 館長室
  31 副館長室　　　　　　　　32 受付
  33 係員事務室　　　　　　　34 ライブラリー・ボード室
  35 キチン　　　　　　　　　36 小会議室
  37 スタッフラウンジ　　　　　38 救護室・便所

視聴覚部門
  39 視聴覚部長室
  40 インフォメーション・サーキュレーションデスク
  41 レファレンスエリア　　　42 オーディオコレクションエリア
  43 ビデオディスク・プレイエリア　44 リスニングコーナー
  45 ワークルーム　　　　　　46 試写室

サポートサービス部門
  47 コーディネーター室
  48 部長室・カタロギング会議・トレーニング室
  49 受入事務室　　　　　　　50 発注受入エリア
  51 カタロギングエリア　　　52 データ入力・装備エリア
  53 コンピュータ室・事務室　　54 マイクロコンピュータ室
  55 分館部長事務室

以下各部分の計画書の見本を示す。

成人インフォメーションデスク

機能	・クイックレファレンスのツールを置く ・あらゆる質問を処理する ・ファックスで他の図書館や企業とやりとりをする
占有者	スタッフ
建築の形（行動パターン、照明、サイン、騒音コントロールを含む）	・図書館の中で最も目立つ、重要なデスクである。目に付きやすく、近付きやすいことが重要 ・質問によっては利用者と司書との間で会話が必要である。そのために一部分でも座って応対できる高さのデスクが必要である ・スタッフはこのデスクから離れて図書館の他の部分に行くことがある。したがってデスクの入口は利用者がすぐに入りたくなるような作りにしてはならない ・参考図書やマイクロコンピュータのソフトの収納庫
位置	レファレンスエリアに隣接 ノンフィクション書架に近く 書庫、雑誌書庫に近く マイクロリーダー・プリンターに近く 児童、ヤングアダルト部門から遠く 貸出デスク、集会部分から遠く
必要面積	400sf(36.8㎡)、6m×6m
収容力	参考図書：200冊　　椅子：3脚
家具、備品	電話 2、コンピュータ 1、OPACターミナル 3、OPACのためのプリンター 3、ファックス機 1、TDDマシン（盲人用）1、参考図書用書架

	レファレンス・エリア
機能	・レファレンスコレクションを置く ・オンラインコンピュータカタログにより検索する ・マイクロフィルム・コレクションを読んだりプリントしたりする ・地図や、インデックス、パンフレットファイル、会社・技術資料を調べる
占有者	利用者、時に助言するためのスタッフ
建築の形（行動パターン、照明、サイン、騒音コントロールを含む）	・静かであること ・十分に明るいこと ・気が散らないこと
位置	静粛読書室に近く 児童、ヤングアダルト部分から遠く
必要面積	3,560sf（328㎡）
収容力	図書および座席
家具、備品	書架群、読書机椅子、 マイクロフィルムキャビネット、 マイクロリーダー・プリンター、OPAC、 地図キャビネット、 静粛読書ブース（造り付けの机） 6、 タイプライター 2、 マイクロフィッシュリーダー（2個）つきのコンピュータ・ワークステーション 1、 CD-ROMリーダー 4、プリンター 1、 雑誌インデックステーブル

リッチモンド・ブリッグハウス・ライブラリー　建築計画書　目次

　この例では、これまでの経緯や複合施設との兼ね合いや、敷地利用の考え方などに多くのページを費やしており、図書館としての要求事項や、各部分に関してはあまり詳細には書かれていない。

先行関係者への謝辞
サマリー
1　イントロダクション
　　　　1-1　コンテクスト（前回計画との関係）
　　　　1-2　現在施設
　　　　1-3　敷地計画
　　　　1-4　このプログラムの目的
　　　　1-5　先行プランニングスタディー
　　　　1-6　前提条件
　　　　1-7　ブリッグハウス・ライブラリーの歴史
2　プランニングとデザイン
　　　　2-1　敷地の考え方
　　　　2-2　交通アクセスと交通規制
　　　　2-3　床面積の概要
　　　　2-4　設計の目標　　敷地
　　　　　　　　　　　　　　複合建築
3　機能的な要求
　　　　3-1　図書館　　　　設計
　　　　　　　　　　　　　　増築に対する配慮
　　　　3-2　図書館必要面積一覧
　　　　3-3　機能的関係のダイヤグラム
4　詳細要求事項（以下項目毎に半ページずつ）
　　　　児童エリア　　　　　　ヤングアダルトエリア
　　　　フィクション／ブラウジング　　ノンフィクション
　　　　レファレンスエリア　　　パブリックカタログ
　　　　マルチメディアエリア　　テクニカルサービス
　　　　貸出デスク　　　　　　貸出ワークルーム
　　　　コンピュータルーム　　多目的室
　　　　館長室　　　　　　　　副館長室
　　　　ボードルーム　　　　　秘書室
　　　　倉庫　　　　　　　　　荷物積み下ろし室
　　　　スタッフラウンジ

カルガリー市・シグナルヒル図書館建築プログラム

　この例では、図書館全体に関する記述がほとんどで各室についての記述は少ない。照明や、家具配置や、電気、機械設備に関する細かい注文など、それぞれに詳細な記述が羅列されているのが特徴である。この計画書は、カルガリー市としてマニュアル化したものができていて、それに多少の手を加えて作ったものと思われる。細かい記述内容は非常に具体的で、参考になるところが多い。

2.3　目的および到達目標　（これ以前はコピーもらえず）
2-3-1　図書館
　　　　　サービス
　　　　　サポートサービス
2-3-2　構造、設備
2-3-3　計画のために
　　　（1）　建築
　　　（2）　建物一般
　　　（3）　建物へのアクセス
　　　（4）　建物の立地と方位
　　　（5）　電気設備
　　　（6）　防火設備
　　　（7）　内装
　　　（8）　照明
　　　（9）　維持管理
　　　（10）　機械設備
　　　（11）　木工製品（家具）
　　　（12）　屋外
　　　（13）　駐車場
　　　（14）　歩行者路
　　　（15）　配管
　　　（16）　屋根
　　　（17）　セキュリティ
　　　（18）　サイン
　　　（19）　電話
　　　（20）　車のルート
　　　（21）　窓、遮光
　　　室内
　　　（1）　バリアフリー対策
　　　（2）　フレキシビリティ
　　　（3）　照明

　　　　　(4)　騒音
　　　　　(5)　座席
　　　　　(6)　座席の配置とタイプ
　　　　　(7)　書架配置
　　　　　(8)　サイン
　　　　　(9)　動線
　　　　　(10)　電気配線
2-3-4　各部分
　　　　1　各部分へのコンピュータの配分
　　　　2　エントランス、ロビー　　a)機能　b)要求事項
　　　　3　成人エリア　　　　　　　a)機能　b)要求事項
　　　　4　児童エリア　　　　　　　a)機能　b)要求事項
　　　　5　貸出案内デスク　　　　　a)機能　b)要求事項
　　　　6　事務室／館長室　　　　　a)機能　b)要求事項
　　　　7　小集会室　　　　　　　　a)機能　b)要求事項

以下に、見本として計画書の中の1～2ページを紹介する。

シグナルヒル　建築計画書より　　照明設備計画

- 天然光と人工光の調和に十分な配慮をすること。
- 大きな輝度比の起きない計画とすること。
- 照明器具は建築デザインとマッチしエネルギー効率の良いものであること。
- グレアーの減少と照度の調整に十分な配慮をすること。特にコンピュータ端末の設置される場所では注意すること。
- 照明器具は書架に平行に設置すること。また影をできるだけ生じさせない様、書架の上部ではなく通路部分の上に設置。
- 書架の最下段に均一な光が当たるような計画とすること。
- 端末の画面に対しては眩しさや映り込みがないようにする。
- 照度は必要に応じて変えられるような計画とすること。タスク照明（スタンド、テーブルライト）が作業室、読書室などには適当と思われる。
- AV機器が使用される会議室にはディマー（調光）をつけること。
- 照明器具のスイッチは使用勝手の良い場所に設置されること。エリアごとの個別調整が可能となるよう計画すること。
- 管球は省エネタイプで長寿命の電子安定器付きH-Fランプを使用すること。
- スイッチは低電圧のものを使用すること。（日本ではリモコンスイッチがこれに当たる）
- 作業室、スタッフ室、マネジャー室、洗面所には在否センサーの設置を検討すること。

- 器具はメインテナンスが容易で電球の取替が容易なものとすること。電球はすぐに手に入るものであること。
- 照明のスイッチはスタッフの出入口に近い便利な場所に設置すること。
- 外部照明は防犯効果の高い計画とし電球の取替の容易な器具を使用する。
- 外部照明は省エネタイプの自動点滅装置付きナトリウム灯とする。
- 避難誘導灯は省エネタイプ長寿命発光ダイオードタイプのものとする。
- ランニングコストを算出すること。

シグナルヒル　建築計画書より　書架配置

- 自然光の領域を利用し、窓に対して平行よりも直角の方がよい。また、高書架よりも低書架を窓に近い部分に配置する。
- 利用しやすい、適切な書架へのアプローチを可能にすること。
- 情報系と娯楽系の資料群の区別がフォーマットの違いによって明確に分かるようにする。
- 利用者がある特定の項目について容易に見つけ出すことができ、また立ち読みできるようにする。
- 人口の変化に対応するために、フレキシブルであること。
- 基本的には両面書架により構成する。
- 成人用書架の高さは76''（約193cm）以下とする。
- 子供用書架の高さは64''（約162cm）以下とする。
- 書架列の高さは利用方法によって決定する。
- 標準的な書架の幅は36''（約91cm）とする。
- 書架の奥行きは書架レイアウトにより9''〜12''（約23cm〜30cm）とする。
- 通路は管理のために見通しを良くすると共に、車椅子の通行が可能なようにする。
- 書架の末端部分まで車椅子で行くことができるようにする。

第8章

見学図書館報告

TORONTO
REFERENCE LIBRARY

8-1 トロント　レファレンス・ライブラリー

西川　馨

トロントはオンタリオ州の州都。1998年に周辺の6つの都市と合併し人口230万人のメガシティとなり、それにともない図書館も合併し、98の本分館を持つ、世界最大規模の図書館システムの一つになった。

建設・変化の経緯

カナダ最大の都市トロントの中央館であると同時に、レファレンス、リサーチ専門の図書館である。一部分を除いては貸出はせず、館内閲覧のみである。

1967年にレファレンス・ライブラリーを新たに作るために、当時のセントラル・ライブラリーの中に、ライブラリー・ボードが設置された。この場所には、市の建物があったがそれを図書館の敷地と定め、10年後の1977年に完成開館した。

開館時の様子は今と大分違っていた。当初は12の部門があり、サービスポイントが36あり、フルタイムのスタッフが260人もいた。1985年に組織替えをし、各階に1つのサービスデスクとし、各部門毎のカードカタログからコンピュータに切り変えた。

1996年に予算削減で、再度組織替えをし、スタッフを250人から180人に、サービスポイントを16に、部門を6に減らした。

1998年の7市合併によりその中央館となった。まだ合併による統合の作業が終わっていない。

Data

図書館名	Toronto Reference Library
館長名	Director Linda Mackenzie
所在地	789 Yong Street. Toronto, Ontario, Canada M4W 2G8　Tel 416-393-7133　Fax 416-393-7083
HPアドレス	http://www.tpl.toronto.on.ca/
創立	1883年
奉仕人口	2,385,420人
システム内分館数	98館
コレクション	図書 528,237　新聞雑誌 16,000　AV資料 48,432　フィルム・楽譜・地図 384,705　資料総合計 4,495,700　システム全体 1,200万
職員数	ライブラリアン 66.3人　その他 122人　合計 188.3人
職員数(システム内)	ライブラリアン 406.6人　その他 985.8人　合計 1,392人
貸出点数	システム全体 26,935,762点　11.3点/人　この図書館内 150,243点
レファレンス数	948,650件/年
面積	38,650㎡
収容力	書棚長 93.3km
設計者	Raymond Moriyama
建設費	3,000万C＄
建設年	1977年
開館時間	月～木 10:00～20:00　金～土 10:00～17:00　日 13:30～17:00

トロント・パブリック・ライブラリーのポリシー

　これは旧来の7つのライブラリー・ボードの意向を反映し、統合のガイドとなるものとして作成された、いわばトロント・パブリック・ライブラリーの基本的ポリシーとも言えるもので、ここに紹介しておく。

使命(Mission Statement)

　トロント・パブリック・ライブラリーは市民に対し、幅広いコレクションと、リサーチ・ツールと、親切で知識豊かな図書館員をもってサービスを提供し、以下のことをする

- 生涯を通しての読書への興味、知識の追求を助ける
- 日々の学習、生活のための正確で最新の情報を提供する
- 余暇を創造的に過ごす機会を提供する
- コミュニティの人々の集まり場所を提供する
- 国内・国外の電子情報に対するゲートウェイと接続を提供する
- 最新のテクノロジーを駆使して館外からの図書館利用を促進する

中心的価値(Core Values)

- 基礎的なサービスは無料で提供する
- ユーザーにサービスすることに集中する
- 教育、年齢、言葉、肉体的障害で図書館に来られない人にアウトリーチサービスをする
- 情報へのアクセスの自由を保障する
- 効率的なサービス、コスト効果を計る
- 柔軟な発想の革新的なスタッフを養成し、組織化する

吹き抜けを介して、5階、4階、3階を見る

- コミュニティとのパートナーシップと提携をはかる
- トロントの社会的経済的な多様性を受け入れる
- 進取の気風のある職場環境を促進する
- 全国の図書館界のリーダーシップを提供する

サービスの特色（第4章にゆずる）

建築

　トロント市のメインストリート、東京で言えば銀座通りに相当するブローア通りから1ブロック入ったところに位置している。銀座4丁目近くの三原橋のあたりというところであろうか。道路の角を45度に切った面から入口を入る形になっているので入口からは大きさが全く感じられない。地上7階地下1階と、多層になっており、平面的にはさほど大きくはないともいえる。

　全体の構成は、中央に大きな吹き抜けを持つ5層の開架室と、地下室とからなっている。

　外壁は階段状に上階が小さくなっており、その階段状の部分からトップライトで各階に自然光を入れている。

全体の面積の3/4が利用者部分であるという。

　1階には通り抜けの通路が設けられており、通路と道路との間には小さなコーヒーショップ、ギャラリー、有料情報サービス会社などが入っている。しかしこの部分の通路は人通りは少なく、やや殺風景であまり成功しているとは見えなかった。BDSのゲートが3つ並んでいる入口を通って中に入ると、エレベーターと階段が斜め前にあり、ほとんどの利用者は真直ぐに上に

バナー（吊布）状のピクトサインとハイサイドライト

5階のフロア案内サイン

歴史的写真コレクションのカードカタログ

登っていく。そのエレベーターの先は巨大な吹き抜けになっており、5階までの積み重なった開架室が目に飛び込んでくる。案内を乞う人は10メートルほど進んで、丸いアイランド型のディレクションデスクに向かう。その先のフロアには閲覧机が100席以上並んでいる。1階はほとんどそれだけである。そのほかは、中央のフロアを取り囲んで、身障者案内コーナー、コンピュータ講座室、展示ギャラリー、小さなオーディトリアムがあり、奥の半分は事務・作業関係室である。

中央の吹き抜けを見下ろす形のシースルーエレベーターで登る。各階は広々としたフロアに沢山の書架と、サービスデスクと、利用者用のコンピュータが置かれている。書架群は大量にまとまって置かれているが、通路などはひろびろとゆったりしている。中央の吹き抜けを介して反対側までよく見えるし、あまり太くない丸柱は70センチぐらいであろうか、9メートルぐらいの大きなスパンで立っているから、視界が大変広々としている。新築当初は、吹き抜けの天井からカラフルな巨大なバナー(吊布)が何枚も掛けられていて、有名であったのが、今は取り外されていた。各階の床は絨毯が敷かれており、それが手摺の腰壁、カウンターの腰、柱の腰の部分、窓の額縁まで絨毯が立ちあがっている。床と同じ色にしてあるので、室内の建築の部分の見え方が非常に単純である。その分だけ書架や家具などが浮き立って見えることになり、その意味では一つの手法といえるであろう。

天井は切れ目なしに線状に流されている蛍光灯の下に、それと直角に吊り下げられた、約30センチ間隔の板状のルーバーで構成されている。ルーバーの下の高さは3.1〜3.2メートルぐらいであろうか、そう高くはないが蛍光灯の上まで見透かすことができるせいか、低い感じはしない。明るさは均質な適度な明るさが保たれている。

館内のサインは洗練されていて分かりやすく感心させられた。位置(方向)サインが天井からバナーで吊り下げられており、インフォメーションデスクや、トイレ、書架群など大きくピクトサインで書かれていて、それに小さく文字で添え書きされている。書架サインは特別なことはないが、妻板に細かい文字で書き出されている。

出口はエレベーターに対して入口と対称の位置にある。これだけ大きな図書館であるから、さぞかし賑わっているであろうと、無意識に思っていたのであったが、BDSのゲートがあるだけで誰もいない。考えてみれば、貸出をしない図書館なのだから、出口では何もしなくてよいわけである。守

衛の人が一人立っていた。
　この図書館は、書庫が一箇所にまとまっておらず、各階の南東と北西の角の三角部分に分散した書庫になっている。分散していることによって不便はないかと訪ねたが、それは別に感じていないという返事であった。ただし、全体的にこの広さに対しては人手が足らな過ぎると言っていた。書庫の不足はないかとの質問に対しては、地下の書庫がまだ空いているので、まだ余裕があるとのことであった。
　中央吹き抜けタイプの図書館はカナダでは一般的なのか、今回いくつも見学したが、この図書館が最も優れていたように思う。巨大図書館を、視覚的に一体として捉えるためには、成功していると言ってよいであろう。

インフォメーションデスクの内部

トロント平面図1

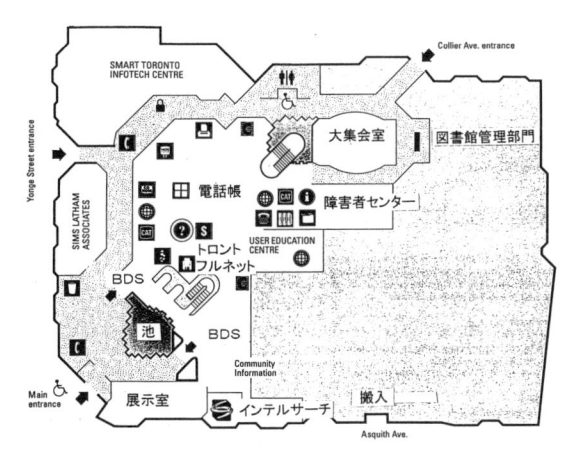

1階　図書館の総合案内（新聞は地下1階）

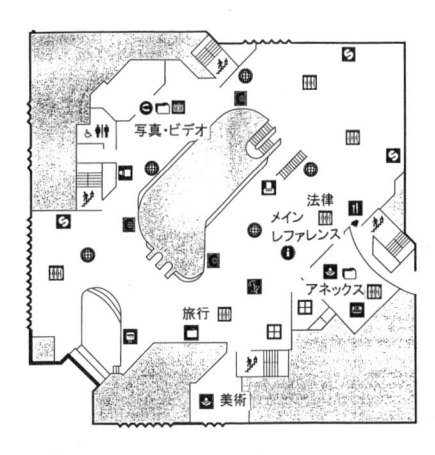

2階　メインレファレンス
地理、行政資料、歴史、法律、文学、科学、社会科学、美術、技術、旅行

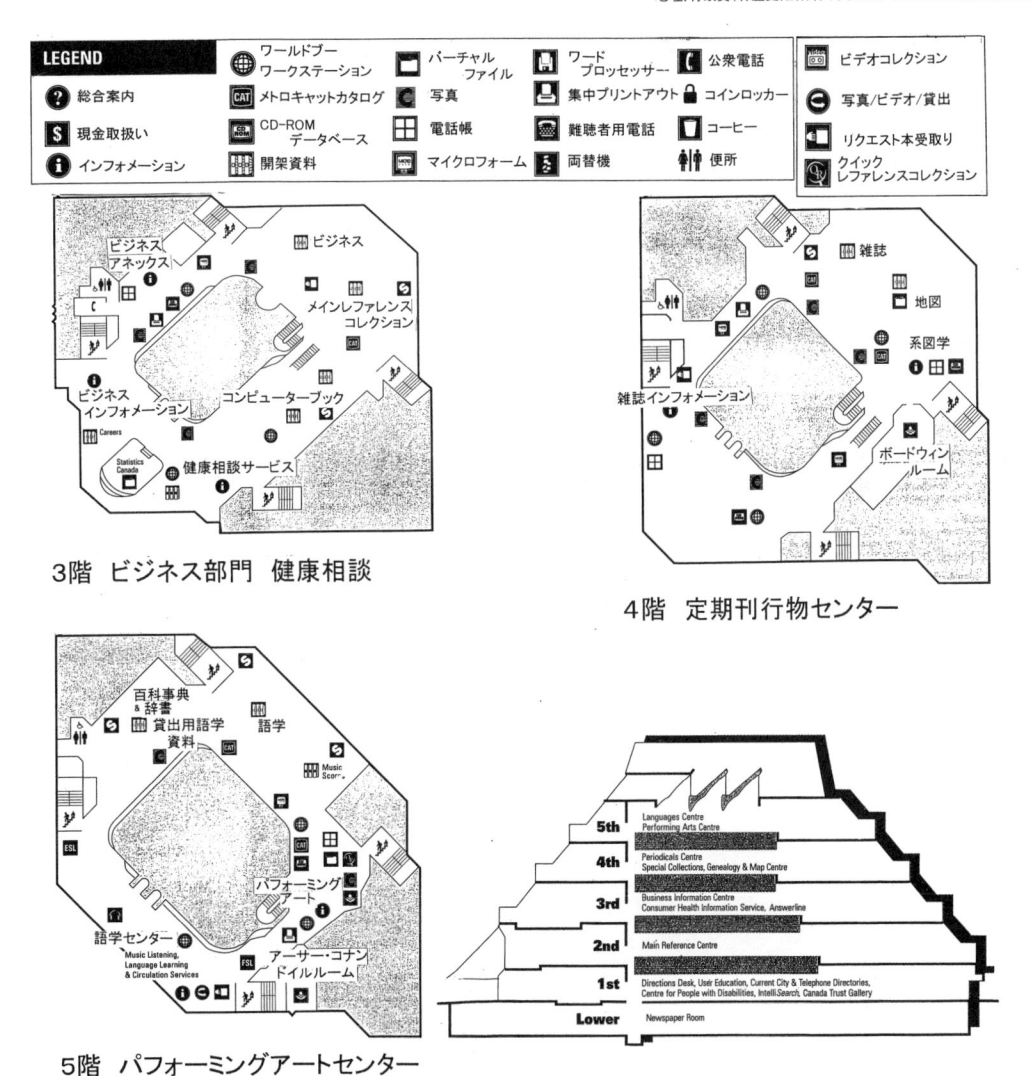

LEGEND
- 総合案内
- 現金取扱い
- インフォメーション
- ワールドブックワークステーション
- メトロキャットカタログ
- CD-ROMデータベース
- 開架資料
- バーチャルファイル
- 写真
- 電話帳
- マイクロフォーム
- ワードプロセッサー
- 集中プリントアウト
- 難聴者用電話
- 両替機
- 公衆電話
- コインロッカー
- コーヒー
- 便所
- ビデオコレクション
- 写真/ビデオ/貸出
- リクエスト本受取り
- クイックレファレンスコレクション

3階　ビジネス部門　健康相談

4階　定期刊行物センター

5階　パフォーミングアートセンター
　　　語学センター

5th　Languages Centre / Performing Arts Centre
4th　Periodicals Centre / Special Collections, Genealogy & Map Centre
3rd　Business Information Centre / Consumer Health Information Service, Answerline
2nd　Main Reference Centre
1st　Directions Desk, User Education, Current City & Telephone Directories, Centre for People with Disabilities, Intelli.Search, Canada Trust Gallery
Lower　Newspaper Room

トロント平面図2

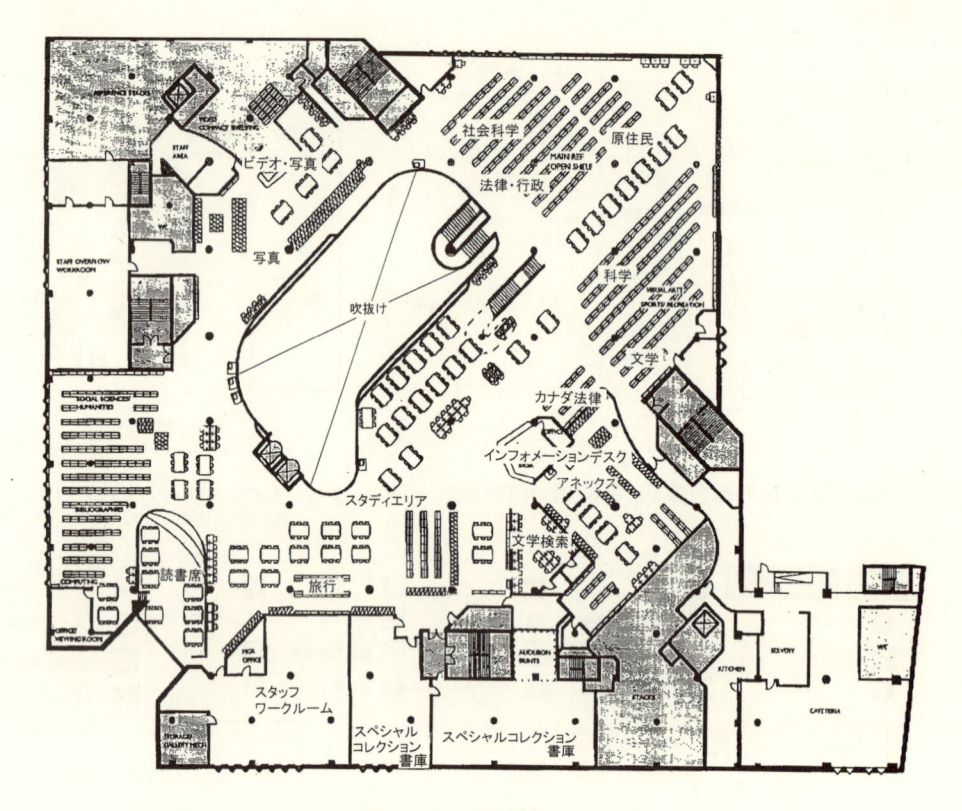

2階 メイン開架

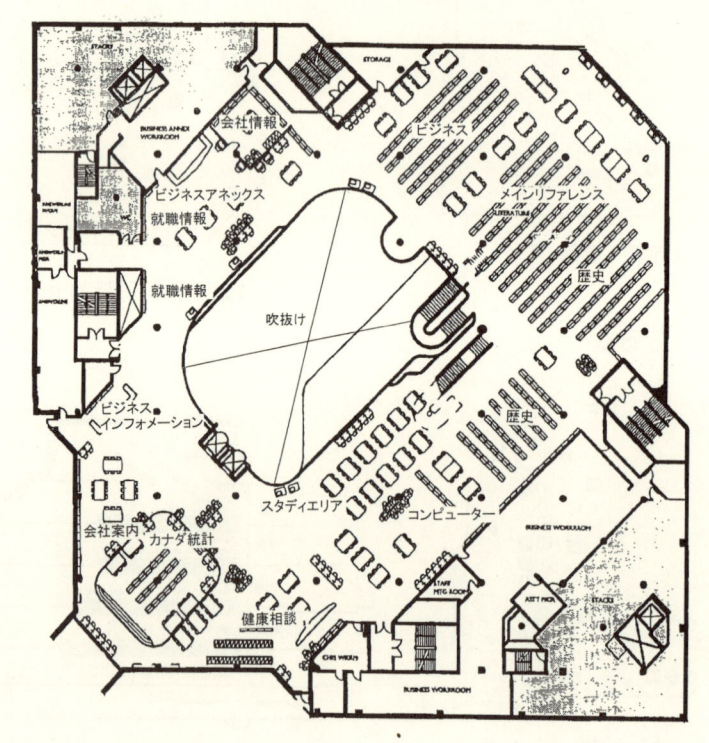

3階 健康情報サービス ビジネスインフォメーション

8-2 リッチモンドヒル
セントラル・ライブラリー

植松貞夫

建設の経緯

巨大都市トロントの北に位置するベッドタウンの1993年に開館した中央図書館である。延床面積は7,500㎡、蔵書収蔵数が17万冊と、トロント大都市圏の北側では最大の図書館なので市民のみならず周辺自治体の人も利用している図書館である。

現在、カナダでは移民が大都市に集中する一方で、もともとの都市居住者が郊外に移り住むという構造変化が急速に進行している。この市も1999年の人口は125,000人であるが、2011年には18万人、2020年には20万人に達するものと予測されている。しかも、裕福な住民層が増えることで、現在この中央館の他に2分館をもつ本市図書館は、今後6、7年のうちに2つの分館を建設することを計画している。

農業都市からベッドタウン化が進むこの市では、新しいシビックセンターを、市の名前の由来となった丘の頂上に近い南向きの斜面に建設することとし、「シビックグリーン」と呼ばれる中央広場を囲んで6種の建物が建てられることになっているのだ

リッチモンドヒル・セントラル・ライブラリー外観

が、図書館はその最初の施設である。実は、図書館をここに建設することは20年も前から決定されていたとのことで、後から一帯がシビックセンターとして開発されることになったといえる。したがって、図書館はまさにその中心の最良の位置を確保している。そのため、この図書館建築は、シビックセンターの建築デザインの基本コンセプトである「環境との調和、公共施設らしい開放性と品格の両立」を、先行して具現化する役目も負っている。

88年ごろから建設計画が具体化し、最終時にはライブラリー・ボードと図書館及び市議会が週1回の会合をもって、細部までをつめた建築計画書が策定された。設計に当たっては、まさに「躍進する新しい自治体」をイメージさせるモダンな印象の建物であることと、今後のサービス変化に対応できる高いフレキシビリティをもつことが要求された。

建築

現在は図書館だけなので丘の下の住宅街からは仰ぎ見る形で存在は分りやすい。とはいえ、およそ徒歩圏と思われる範囲には住宅は見当たらず、車での来館を前提にした位置である。

シビックグリーンに面する南側の外

エントランスホール、暗い

観は、ペイルサンド色の門型フレームと、フォークのように突き出した遮光のブリーズソレイユ（ガラススクリーン）が印象的なデザインである。端正なプロポーションの門型フレームは気品を感じさせるが、ブリーズソレイユのデザインが新しさを感じさせるか否かは評価の別れるところであろう。北面は冬期のヒートロスを避けるために部分的な開口に限定し、トロントに通じる比較的交通量の多い道路側の東面は遮音、西面は冬の低い太陽光を避ける目的で壁で閉ざされている。

全体の階構成は、大きくは2階建てであるが、それぞれが十分な階高のメザニン階をもち実質的には4階建てである。平面形は縦動線コアを挟んで、明るい南側ゾーンと光を制限した北側ゾーンとに性格分けされている。

表:層別の主要構成要素

	北側ゾーン	南側ゾーン
第4層	郷土資料・家系図室	管理部局諸室
第3層（メインフロア）	レファレンス 新聞・雑誌室	開架書架群 閲覧スペース
第2層	（吹抜）	集会室
第1層（入口階）	貸出返却デスク 受入、返却図書整理部門	児童部門 ポピュラーライブラリー、カフェ

1階右ウィング、ポピュラー部門

Data

図書館名	Richmond Hill Central Library
館長名	Ms Jane Harrocks
所在地	1 Atkinson Street Richmond Hill L4C OH5
HPアドレス	http://www.rhpl.richmondhill.on.ca/
奉仕人口	125,000人 （登録者 82,000人）
システム内図書館数	3
コレクション	約17万点
職員数（システム全体）	100名（うち司書11名）
貸出点数	1,267,489点　10.1点/人
レファレンス回答数	138,436件
年間支出額	合計　3,588,985C$
	内訳：人件費　2,813,541C$
	資料費　336,681C$
	維持費　228,417C$
	負担：市　3,040,439（84.7%）
	州　110,068（3.1%）
	図書館　330,324（9.2%）など
面積	7,500㎡
収容力	170,000点
設計者	Jack Diamond, Donald Schmitt and Co.
建設費	125,000,000C$
建設年	1993年
開館時間	月〜木 10:00〜21:00、金 10:00〜18:00 土 10:00〜17:00、日 12:00〜17:00

　第1層の右手に、ペーパーバック主体のポピュラーライブラリーとカフェ、左手に児童のコーナーと、もっとも利用者の多い両ゾーンを配置している。しかし、両ゾーンとも家具レイアウトや家具デザイン、スペース形成に熱意が感じられず、決して魅力的な図書館ではない。

　メインの空間は、2層分の吹き抜け空間をもつ北側の第3層である。9個のトップライトをもつこの空間は北側にも大きな窓をもち、まさにこの図書館のハイライトである。逆に、入口から3階分をいかに導くかが設計上の大きな課題となるが、設計者は建物中心部に造形的な階段を仕込むことで対処している。同時に1層中央の貸出返却カウンター前を意図的に暗くすることで階段を上るにつれて明るくなる光の対比効果の演出により、期待感を抱かせることをねらっている。

　3層目には、北側に2層分の大空間のレファレンスセクション、メザニン階

の下に入り込む暖炉のある新聞・雑誌スペース、南側にはメザニン階の下に高書架の開架書架群と、2層分の階高と素晴らしい眺望をもつ閲覧座席スペースが配置されている。

　このように、1層目と3層目があたかも別の図書館であるかのような分離が図られている点はこの図書館の特徴の一つである。しかし、全体にこれだけ空間の性格分けがはっきりしていることは、計画時に要求されたフレキシビリティという点では逆効果で、せいぜい家具の並べ替え程度に限定されよう。

　近い将来、活字資料からディジタル化資料にシフトするつもりであると館長は語ってくれた。事実、レファレンスセクションには、原設計と異なり、中央部にインターネット端末の並ぶテーブルが置かれているし、3層の閲覧席にはLANの配線がされ情報コンセントが用意されていて、そういう意味でのフレキシビリティは確保されている。

　建築計画書が綿密に作成されている割には、使いやすさと機能性よりも、空間デザインが優先された図書館建築のように思われる。

　現時点での評価は、有名な設計者グループが設計したとの事前の情報や、建築雑誌にも登場していることから、期待して訪れた図書館の一つであったが、極論すれば「建築として注目される図書館に良い図書館建築はない」の典型例といえてしまう。しかし、シビックセンターを形成する建物として、ある程度背の高い建物であることや、現時点ではほとんど機能していない南面のアーケードなど、単体では評価できない面もあると考えなければならないだろう。

サービスなど

　3階の一画で"Business Services"と名付けられたサービスが提供されている。ここでのメインは、北米の企業名、電話番号などの8種類のCD-ROMが利用者自身の手で検索できるようになっている。また、人口急増地帯の図書館らしく、インターネット上で仕事探しができるサイトが紹介され、各種の職業について要求される技能や職探しテクニックなどに関する図書・雑誌も備えられている。

　4階の地域資料・家系図室には職員は配置されておらず、平日と土曜日の午後3時以降に予約制で運用されている。

　館内サービスの他に、心身に障害を有する市民には図書館がリクエストされた資料を配達するサービスを実施している。

3層目、コンピュータ・ワークステーションが並ぶ。手前はインフォメーション・デスク

3層目南側閲覧席

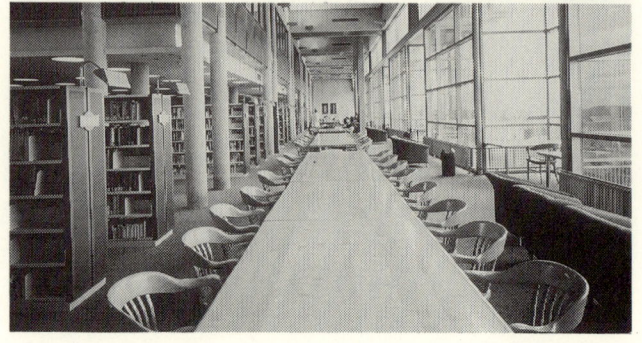

リッチモンドヒル平面図

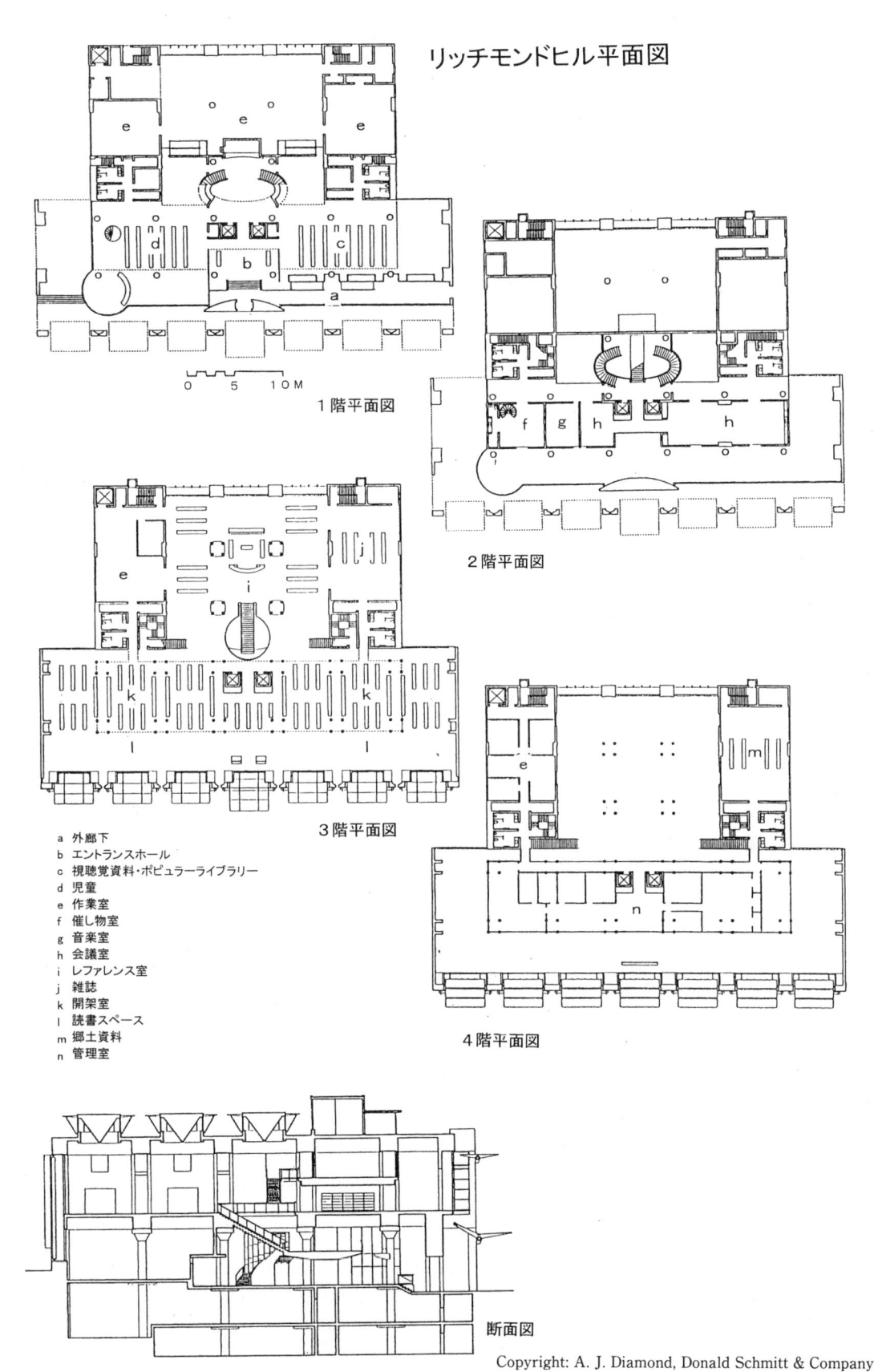

1階平面図

2階平面図

3階平面図

4階平面図

a 外廊下
b エントランスホール
c 視聴覚資料・ポピュラーライブラリー
d 児童
e 作業室
f 催し物室
g 音楽室
h 会議室
i レファレンス室
j 雑誌
k 開架室
l 読書スペース
m 郷土資料
n 管理室

断面図

Copyright: A. J. Diamond, Donald Schmitt & Company

MISSISSAUGA LIBRARY SYSTEM

8-3 ミシソガ・ライブラリー・システム
セントラル・ライブラリー

西川 馨

CENTRAL LIBRARY

メガシティ・トロントの西に隣接する都市である。もともと先住民のミシソガ部族の住んでいたところで、「ミシソガ」または「ミシサキス」は「沢山の川の河口」の意味である。

建設の経緯

　市の中心地で、市役所などのあるシビックセンターの隣、スーパーマーケットにも隣接している。産業を呼ぶためには文化施設が必要という市長の考えがあった。駐車場やコンピュータなど市役所と共用している部分がある。この建築は、利用者に分かりやすく、将来の変化に対してフレキシビリティーがあることを目指して作られた。

　これまで何回か配置替えをしている。児童室は当初1階にあったが地下に移した。ビジネス部門を拡張したいので、現在事務関係に使用している4階を、ビジネス部門にするために工事中である。

　分館には3つのレベルがあり、ディストリクト・ブランチ5館、コミュニティー・ブランチ3館、ネイバーフッド・ブランチ4館となっており、それぞれの規模によって、開館時間が異なっている。現在本館を含み13館あるが、2020年には人口が75万人になる予定なので、あと7分館の建設を予定している。

Data

図書館名	Mississauga Library System Central Library
館長名	Donald M. Mills Director of Library Service
所在地	301 HamthorpeRoad West Mississauga ON L5B 3Y3 Tel 905-615-3601　Fax 905-615-3625
HPアドレス	http://www.city.mississauga.on.ca/library E-mail library.info@city.mississauga.on.ca
奉仕人口	65万人
システム内分館数	13館

コレクション(システム全体)

　　図書 1,626,798　　　新聞雑誌 250
　　CD-ROM 1,834　　　カセットテープ 24,000
　　ビデオ 21,290　　　CD 6,500
　　地図 500　スライド 14,700
　　資料合計 1,707,881

コンピュータ　200　うちインターネット用 158
職員数　173人(ライブラリアン 45　その他 128)
職員数(システム全体)
　　303人(ライブラリアン 61　その他 242)
貸出点数　システム全体 6,085,000点　9.4点/人
　　　　この図書館内 2,001,000点
レファレンス数　692,000件/年
年間支出額　13,522,000C$
面積　16,530㎡
収容力　200,000冊(本館の閉架のみか?)
設計者　Shore Tilbe
建設費　45,000,000C$
開館時間　月曜〜金曜 9:00〜21:00
　　　　　土曜 9:00〜17:00
　　　　　日曜 13:30〜17:00

ミシソガでは、図書館全体の建築の床面積の基準を、人口当り0.5スクエアフィート(0.064㎡)と考えている。その内0.3スクエアフィートをセントラルライブラリーにあて、残りの0.2スクエアフィートを分館全体にあてている。人口5万人に対して1分館を設置しようと考えているから、分館の面積は0.3×50,000＝15,000スクエアフィート(1,380㎡)となる。
(本館は、計画人口75万人×0.046㎡×2/5＝13,800㎡、現実には16,000㎡以上ある)

図書館のエントランス。
募金達成を示す温度計が、目標値に近いところを示している

正面外観。写っていないが右手に連続して市役所の建物がある

人口当り床面積
(日本に帰ってから館長に確かめたところによると)

　人口当り0.5sf(0.046㎡)という基準は、ミシソガ市で採用しているものである。オンタリオ州で推奨している基準は人口当り0.6sf(0.055㎡)であり、USAで広く用いられている基準は、ほぼ0.5sf/人前後である。これらの数値は公認された基準ではなく、図書館界で常用されているガイドラインというだけのものである。

サービスの特色

　貸出冊数カナダ第一を誇っていた図書館である。1館で年間200万冊の貸出は、日本では大阪市立図書館並ということになる。

　まず、入口のゲートが横に4つも並んでいるのに驚かされる。中に入ると、地下1層、地上4層分の吹き抜けが目にはいる。その吹き抜けを取り巻いて開架室が積み重なっている。広い。

　はっきりした部門別制をとっている。

　　地階；児童
　　1階；文学、言語（26カ国語）
　　2階；ビジネス、サイエンス
　　3階；歴史、地理、芸術、
　　　　郷土資料室

　各階に吹き抜けをはさんでほぼ対角線の位置にインフォメーションデスクが2箇所ずつ置かれている。閉架の書庫がほとんど無いから、ほとんど全ての図書が開架に並んでいることになる。

　人口65万人というと日本では岡山市や熊本市と同じである。それがこのように広大な開架室を持ち、部門別制でサービスをしているとは驚くべきことである。

　この図書館でもインフォメーション・テクノロジーに力を入れているという。各階のフロアにはコンピュータが数多く並んでいるばかりではなく、マイクロフィルムなどのオールド・テクノロジーも並んでいて、よく使われている。この図書館内に利用者用のコンピュータが200台置いてあり、その内の158台がインターネット使用可能である。それでも数が足らず、コンピュータ、DCタワー、プリンターの数を増やす計画である。図書館システム全体では現在400台の利用者用コンピュータが置かれているという。さらに新規購入の資料の4点に1点はCD-ROMやカセット、CDなどを買うようにしているとのことであった。フィルム・コレクションはカナダ一という。

　ビジネス部門の利用が活発である。4階にはビジネス・エンタープライズ・センターが併設されていて、新しいビジネスを始めたい人、ビジネスを

1階吹き抜けを介して地階の児童部分を見る

発展させたい人、新しい仕事につくための技能訓練を受けたい人などに対して、専門のスタッフが相談にのるようになっている。

ブックモビールは1台で、読み聞かせを25ステーションで行っている。分館への配送に毎日トラックが2台巡回しており、トロント市立図書館に週2回連絡車が行っている。

郷土資料室は、特別にクラシック調で立派な内装となっていて、背後に特別の閉架書庫を備えている。かつてはカナダ第一のサーモンの捕れる町だったという、ミシソガの歴史的文献だけではなく、漁具のような実物や、絵画、写真などに至るまで大変大事に収集しているという印象であった。歴史が浅いから歴史を大切にするということがあるのであろうか。ひるがえってわが国の新興都市ではどうだろうかと考えてしまった。

館長との質疑応答の中から

財政難で人員削減されないのかとの質問に対しては、図書館の他の部分で経費を減らしても、人員は減らさないようにライブラリー・ボードが抵抗しているとの答えであった。ライブラリー・ボードの独立性があるからと強調していた。

貴重書以外は閉架の書庫はなく、全開架である。予算の1/3を資料費に当てることにしている。コンピュータ関係には10〜15％をあてている。

ライブラリーフレンズは大分協力的な活動をしているようであった。ライブラリーフレンズの運営するグッドバイショップという小さな部屋が1階に設けられている。図書館の入口の外には、体温計のような形で募金目標の達成値が書き入れられる、20万C$募金の大きな看板が、友の会の名前で出ている。

図書館予算は市の総予算の4％程度というが、市の機構が日本と違うので、一概には比較にはならないであろう。

建築

入口の4列のゲートには、1ゲートに2つの貸出ステーションが置けるようになっていて、最大6箇所で貸出ができる。

標準階ともいうべき2階の平面図を見ると、入口から奥のほうにビジネスのサービスデスクがあり、反対側の手前のほうにサイエンスのサービスデスクがある。そしてそれぞれ背後に十分な広さのワークスペースを持っているプランは、部門別制の図書館の典型と言ってよいであろう。各部門毎に書架の色分けがなされており、それが本のラベル、各サービスデスク・カウンターの小口部分の色にまで統一されている。

吹き抜けを介して各階とも比較的に見通しはよい。

1階奥、文学語学部門のサービスデスク

出口ゲート　4列のうち2列

　フレキシビリティを大切にした設計であると館長は説明をしていた。天井裏にさまざまな配線が入っており、天井面を簡単にはずせるようになっていて、配線替えに対応できるとのことであった。書架の頭の部分に書架照明が取り付けられているが、必ずしも本の背表紙を十分に照らしてはおらず、館長はあまり成功していないという評価であった。

　地下にはトラック2台が着けられる立派なローディング・ドックがあり、相当な広さの荷捌き室がある。館外との連携がそれだけ活発に行われている証拠であろう。

　建築のデザインをいえば、あまり印象に残る建物ではなく、内部のデザインにしても設計密度の荒さが感じられる。一例としては、入って正面にあるエレベーターと階段がデザイン的に整理されておらず、周囲に雑然とした効果を与えてしまっている。入口のゲートのところの照明が暗く、図書館に来る人に対して最初の印象を悪くしている。

　中央の吹き抜けで、冬寒くはないかとの質問に対しては、地下の児童室がやや寒いとの答えであった。

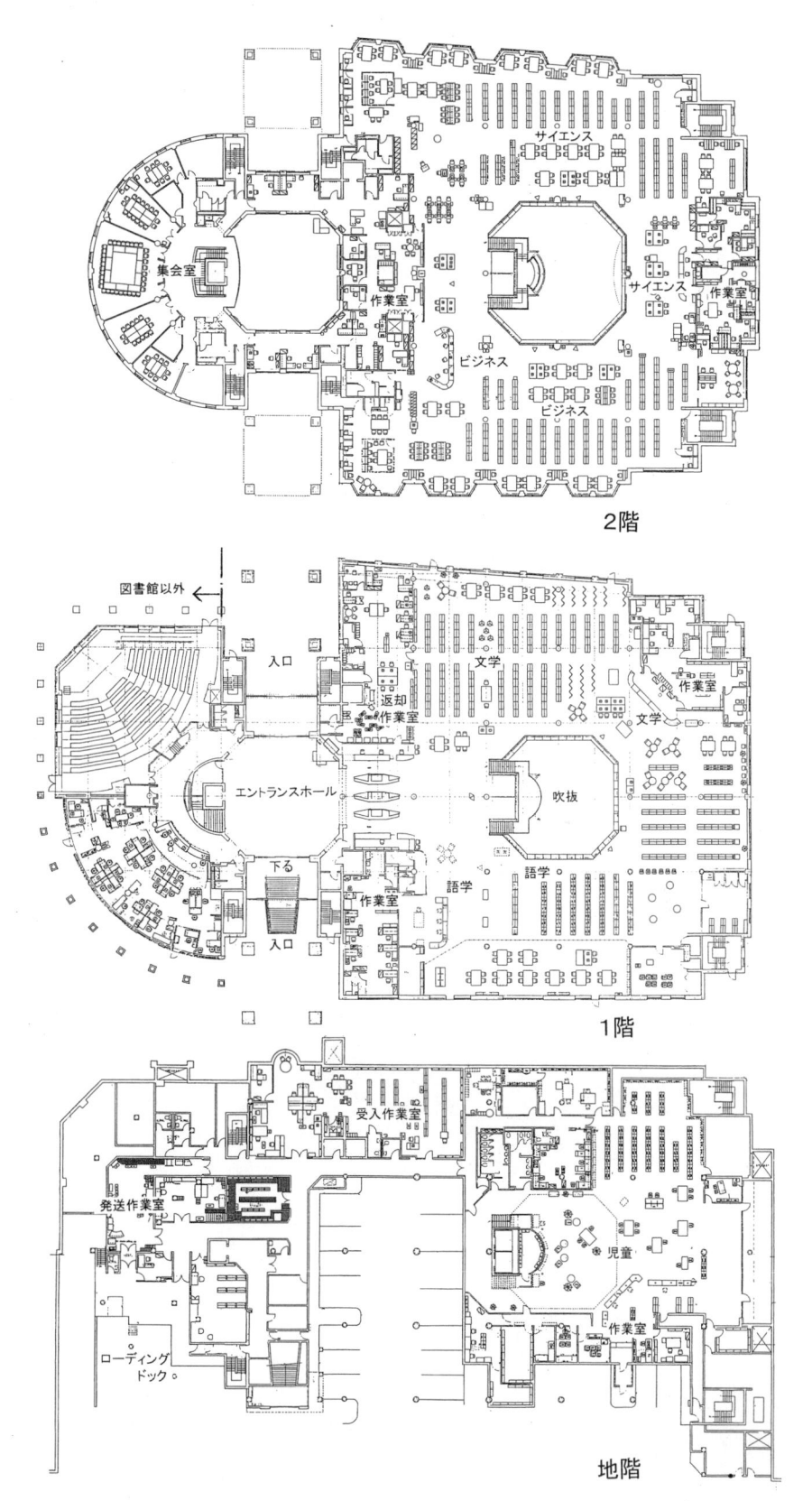

2階

1階

地階

CALGARY PUBLIC LIBRARY

8-4 カルガリー・パブリック・ライブラリー
シグナルヒル・ライブラリー

植松 貞夫

SIGNAL HILL LIBRARY

カルガリー市の概要

　アルバータ州カルガリー市は、西にロッキー山脈、東に1,000kmにわたる大平原の中に忽然と現れる近代都市である。国内第6位の人口84万人を擁する、カナダ中西部の主要都市であり、アルバータ州の州都である。付加価値税を課さないなど優遇税制のお陰で石油資本などが進出し、牧畜業から近代産業の基地への躍進が目覚ましい。市中心部には高層ビルが林立し、これらのビルを貫く形で、2階レベルでスカイウォークが設置されている。これはマイナス30度にも下る冬にあっても、暖かく通行できる歩行者専用路で、途中にはカフェやキオスクが開業するなど、世界的にもユニークな都市構造物である。

建設の経緯

　このカルガリー市における最も新しい分館は、1989年に策定された1中央館と16の分館から成る整備構想に基づき、第13番目の分館として98年

シグナルヒル・ライブラリー外観

に開館した。なお、この館が過去10年間では最初の建設例で、整備の速度は速いとはいえない。

この市の分館は、受け持つべき役割やサービス対象人口、相互の位置関係などから(1)3館のArea Library、(2)6館のCommunity Library、(3)7館のNeighborhood Libraryの3つにランク分けされているが、この分館は第2ランクに分類される。ランクごとに職員数、面積、蔵書冊数という主要規模のおおよその枠が下表のように設定されているが、この館のサービス対象人口はおよそ6万人、フルタイムのライブラリアンは館長と児童部門司書の2名で、職員の総数は17名、延床面積は11,000sf、蔵書収容力は100,000点である。

	Area Library	Community Library	Neighborhood Library
常勤職員数	20人まで	4～5人	3人程度
面積	15,000～18,000sf	8,000～10,000sf	3,000～6,000sf
蔵書冊数	200,000点	100,000点	50,000点

Data

- **図書館名** Calgary Public Library Signal Hill Library
- **館長名** Mary Enright
- **所在地** 5994 Signal Hill center SW. Calgary Alberta
- **奉仕人口** 約6万人
- **システム内図書館数** 16
- **コレクション** 合計98,000点
  図書 59,300、定期刊行物 175、新聞 6、CD 6,100、テープ 500、ビデオ 766、CD-ROM 176
- **コンピュータ** インターネット用 18、カタログ用 2
- **職員数** 17名(フルタイム雇用換算)
  ライブラリアンは館長と児童専門司書の2名
  カルガリー市立図書館全体では390名、うち司書は66名
- **貸出点数** 605,042点(98年) 10.0点/人(6万人に対して)
- **レファレンス回答数** 60,372回(98年)
- **年間支出額** 503,400C$
- **面積** 1,022㎡
- **収容力** 100,000点
- **設計者** Culham Pedersen Valentine
- **建設費** 3,300,000C$
- **建設年** 1998年1月開館
- **開館時間** 月、火、木 10:00～21:00
  水 13:00～21:00
  金、土 10:00～17:00
  日 13:30～17:00

本図書館は、市域南部の新興住宅街に設置された。館名の由来は、スペースシャトルの緊急着陸地にも指定されるほど広大な空港への着陸時に、パイロットが読み取るシグナルが標示されている丘一帯の地名からである。

この図書館は、この丘の一帯を住宅地として開発する権利を与えられたデベロッパーから土地と建物を寄贈される方式により設置された。既定の整備計画では、北西地区、南部地区で図書館サービスポイントが手薄であるとされ、この地区の分館整備の優先順位は第5位であったが、寄贈の申し出を受けて繰り上げて整備された。

位置は、丘のふもとに集中的に商業施設などが建設されているタウンセンターの端部で、同じく寄贈による保健施設と駐車場を共有する形で向かい合っている。敷地の形状は三角形で決して恵まれた条件ではないが、それを逆手に三角の平面形をもつ図書館としている。カルガリー市内には三角形をモチーフとする建物は

入口ホールから図書館内に入る

多いとのことであり、Area Libraryに属するフィッシュクリーク図書館はピラミッドのような外観をしている。

寄贈とはいっても計画段階から市当局と図書館とが関与し、設計者は図書館ボードが選定しているから、通常の建設とまったく変わらない。中央図書館内にLibrary Plannerというセクションがあり、個々の計画には2年間程度をかけることが一般的である。

本図書館の計画と設計では、カルガリー市におけるコミュニティライブラリーのモデル図書館となることが目標とされ、相当に本格的な建築計画書が作成されている。基本理念としては、21世紀における利用者の図書館ニーズに対応できる「ハイテック」を具現化すること、住宅地コミュニティの人々が気軽に集まれる施設とすることが挙げられた。より具体的には、新興住宅地であることから、児童サービスに力を注ぎたいこと、若い世代層に受ける明るく活気ある雰囲気をということが注文された。

幼児コーナー

建築

外観は周囲の商業施設がそれなりの表情をもっているのに比して、質素かつ味気ないもので、館名板以外図書館らしさの表出はない。しかし、低

アイランド型のカウンター

開架スペースからの出口。右手予約本を並べておく書棚

辺部分がすべてガラス張りで明るさを持ち込むと同時に、わずかに残る敷地を利用した芝生の庭の眺望を与えている。また、この中央部に設けられたラウンジには暖炉とソファがおかれ家庭の居間のような雰囲気をもたせている。(3)入口より左側を占める児童・青少年部門は、年齢層別に適当に分節化されており、家具も適正である。(4)ロビー横にとられた集会室は、チェックゾーンの内外への2つのドアを持ち多目的に使えること、またロビー側に大きなガラス窓をもつことで開放感があることなどである。

　逆に、やや問題点を指摘すれば、高書架が主体であるため、三角形の端部への職員の目が届きにくいこと、全体として詰め込み過ぎで、特に書架間隔にもう少し余裕があればと思われることである。

運営方針と建築

　運営方式に対応した建築上の配慮としては、「少人数の職員でサービスできる」ように、館内中央部に貸出とレファレンスデスクを統合したコントロールデスクをアイランド形式で配置していることが挙げられる。次に、「利用者自身でできることはしてもらう」方針から、エントランスホール右手の作業室の壁にブックポストを設置して返却は投げ込むだけにしていること、コントロールデスク前にOPAC端末を集結させていること、リクエスト本は専用棚に並べておき利用者自身が探してとりだしてもらう方式をとっていること（註：これはプライバシーの問題もあり、99年10月からは改善することになっている）である。

　また、館長は「速やかにかつ容易に情報にアクセスできることが、今日

コスト建築ながら木材の多用された館内は、品格と活気が調和し、居心地のよいものに仕上げられており、構成要素のゾーン配置も合理的で、利用者職員ともに使い勝手は良さそうである。

　基本理念を反映して、全体の床面積の80％を利用者ゾーンに当て、さらにその35％が児童サービスのために当てられている。

　総じて、木主体の内装や家具の色使いからアットホームな印象を受ける図書館である。主要な点を挙げれば、(1)エントランスロビーを建物中央にとることで、入口から館内全体が一望で把握できる。(2)三角形の長

そして将来とも重要なことである。新技術は本分館の日常的なサービスの中で大きな役割を果たすことになろう。我々はインターネットの講習とCD-ROMの貸出を開始する。従来の伝統的な資料やサービスの重要性もしっかり認識しながら、新しい技術を理解し、情報にアクセスするプログラムを開始する」と宣言し、新しい情報技術への住民の訓練センターとしての性格を強めようとしている。

　運営に関し付け加えると、カルガリー市立図書館では、1984年から1システム1コレクション制を採用しており、選書は各分館では行わず、要望を集めた上で中央館の選書部門が一括して行う。希望がすべてかなえられるわけではいが、相互協力により調達できるので、利用者からの特段の不満は聞かれないとのことである。また、登録カードの共通化により自由返却方式がとられているが、図書館システム全体としての他館所蔵資料の返却ならびにリクエスト図書の搬送には、2台の巡回車が中央図書館所属の専任の職員によって、閉館後の夜間に運行されている。とはいえ、リクエスト処理には3日を要するとのことである。

暖炉のあるラウンジ

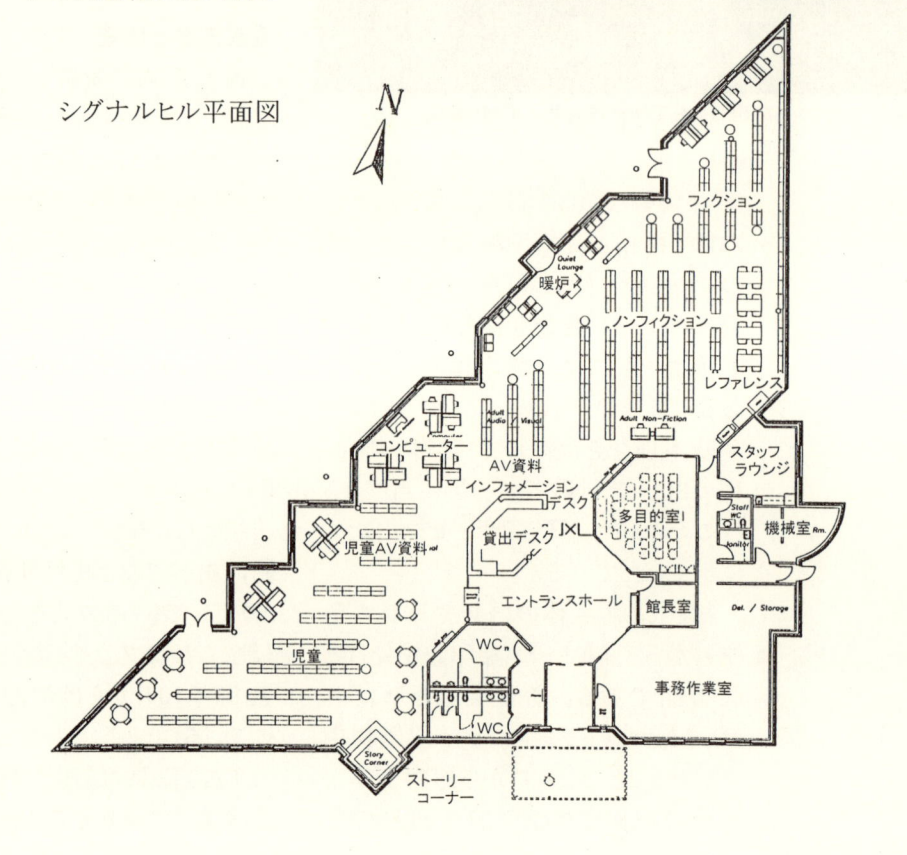

シグナルヒル平面図

VANCOUVER PUBLIC LIBRARY

8-5 バンクーバー・パブリック・ライブラリー セントラル・ブランチ

植松貞夫

CENTRAL BRANCH

プロムナード　左が商店、右手ガラス越しに図書館の内部が見える

Data
図書館名	Vancouber Public Library Central Branch
館長名	Madeleine Aalto
所在地	350 West Georgia Street Vancouber B.C.
HPアドレス	http://www.vpl.vancouver.bc.ca
奉仕人口	バンクーバー市　471,696人 後背人口を合わせ150万人
システム内分館数	21
コレクション	合計 1,200,000点
コンピュータ	合計 900
職員数	229人（本中央図書館のみ） 370人（システム全体）
貸出点数	8,291,437点(97年) 17.6点/人(47.2万人に対し)
面積	31,150㎡
収容力	棚延長 24km
設計者	Moshe Safdie
建設費	106,800,000C$ オフィスタワー50,000,000C$ ライブラリースクエア600,000C$
建設年	1995年

バンクーバー市とバンクーバー市立図書館

　バンクーバー市はブリティッシュコロンビア州の州都で、人口は54万人程度であるが、周辺の10あまりの自治体を合せて大都市圏（グレーターバンクーバー）を構成している。この都市圏の人口は約180万人で、トロント都市圏、モントリオールについでカナダ第3の規模である。この圏内人口は増加し続け将来的には300万人にも達する可能性があるとされている。

　バンクーバー市立図書館は市内全域に21の図書館網を設置している。中央図書館もcentral branchと呼ばれるが、中央図書館に内包されているアウトリーチ・サービス部局も、組織上は一つのブランチと位置づけられている。

建設の経緯

　バンクーバー市のダウンタウンに至近の敷地に、図書館棟と連邦政府のビルとで「ライブラリースクエア」と呼ばれブロックを形成する巨大な図書館である。イスラエル系カナダ人建築家モシェ・サフディの設計になるこの図書館は、鮮烈な印象を与えるデザインから現在カナダで最も注目されている建築物の一つである。

　旧館の狭隘化を受けて新図書館

の建設が計画されたが、連邦政府が使用していたこの敷地に連邦政府ビルを同時に建て直すことで交渉が成立し、1991年に住民投票による判断を経て建設が承認された。市建設局、ライブラリー・ボード、図書館各部局の協議により綿密な建築計画書が作成された。

設計者の選定方法としては2段階の公開コンペ方式が採用された。多数の応募案の中から、魅力的な提案と評価された50人の国際的、国内、地域で活躍する建築家及び10の連合チームからの28案がヒアリングの対象としてリストアップされた。このリストから1991年12月に3社が選定され、第2回目の無記名コンペに進んだ。それぞれの社には優秀賞として10万C\$が支払われた。そして1992年8月14日にバンクーバー市委員会からモシェ・サフディチームが選定されたことが公表された。

ちなみに彼は、モントリオールのハビタ（モントリオールオリンピック選手村：集合住宅）、カナダ国立美術館、モントリオール美術館増築、ケベック市郷土博物館、オタワ市庁舎、そしてこの図書館の隣接して建つホードセンター（劇場）を設計している。

この規模の建築物としては設計者決定から着工までの期間が非常に短く、わずか4カ月余後の1993年1月に着工している。これだけ短期間であることの理由は定かではないが、一つには建築計画書が細部まで規定した内容であるため、第2段の設計コンペの際に細部までの図面が提出されているものと考えられる。その後、26カ月に及ぶ工事期間を経て1995年に移転し開館した。

図書館を主とする図書館棟は、3層の地下車庫の上に、敷地の傾斜の関係で半地下になる1階から数えると9階建てになる。

延床面積は35,150㎡で、現在は7階までの32,236㎡を図書館が使用し、残る8、9階は図書館の拡張余地であるが、現在は州政府にオフィススペースとして20年間契約の賃貸しをしている。

建築

淡紅色の巨大な列柱の並ぶ外観は、P.ブリューゲルの描くバベルの塔を思わせる。円形の図書館なんて使いにくいのではと想像させるが、平面図に示すように、実は長方形の平面

バンクーバー・セントラル・ライブラリー外観

形の図書館を楕円形の殻(シェル)が囲んでいる形で、図書館の主要部分はごく常識的な長方形に納まっているのである。これにより、外観の奇抜さで人の目を引きつけることと、使いやすい図書館をつくることを巧みに両立させている。さらに、楕円形を包み込むように半円形の殻をまわし、これと図書館との間に6階の高さでガラス屋根を架けて幅15mの自由通行のプロムナードを造りだしている。ガラス屋根をもつプロムナードは、寒い冬に快適な空間を生み出す北欧でもしばしば行われている手法だが、カナダでも各地にモールと呼ばれるガラス屋根形式の商店街がみられる。また、冬に雨がちなバンクーバーでは特に有効な手法である。この半円形の殻にはカフェが出店し、プロムナードに椅子を並べている。図書館内でプロムナード側に並べられた座席に座った人は、カフェでくつろぐ人や行き来する人の流れを見下ろすことができる。なお、カフェの上にはデイケアセンターなども立地している。

図書館は中央にエスカレータとエレベータを置く他には大きな拘束のないフレキシビリティの高い平面で、各階ごとの自由な家具レイアウトが許容されている。すべての資料を開架で提供しているこの図書館は、表のように、資料の主題部門別に階を分ける部門別閲覧室制をとり、下から順に利用者数の多い部門を積み上げている。

約3,600㎡の面積と3.9mの階高を有する基準階のゾーン配置は、プロムナード際から個席、高書架、多人数掛けの座席の順に並び、そしてエレベータのアクセスの正面または両サイドに当該部門のサービスデスクに統一されているから分かりやすい。各階ごとに利用頻度の低い資料は、近年日本でも採用例が増えているいわゆる公開書庫的に、集密書架に収められている。

階	主題
7階	特別コレクション、コンピュータ講習室、管理諸室
6階	芸術・音楽、歴史、行政資料
5階	新聞・雑誌
4階	ビジネス・経営、科学技術
3階	社会科学、文学・言語
2階(コンコース・入口階)	貸出・返却、ポピュラーライブラリー、青少年部門、多言語コレクション
1階(半地下)	児童部門、整理作業部門など

外部からプロムナードへの入口

バンクーバー・セントラル平面図1

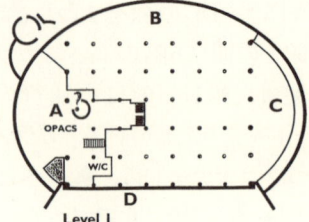

Level 1
A 児童室
B 受入整理作業
C 建物管理・搬入・搬出
D 会議・集会室

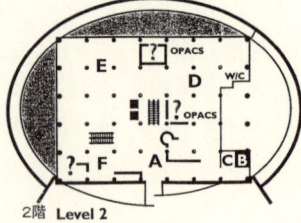

2階 Level 2
A 入口ゲート
B ライブラリーショップ
C コートルーム
D 多言語コレクション
E ポピュラーライブラリー
F ヤングコレクション

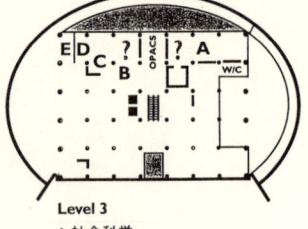

Level 3
A 社会科学
B 語学・文学
C カナディアン・ルーム
D 語学ラボラトリー
E 語学センター

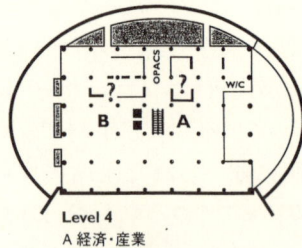

Level 4
A 経済・産業
B 科学・工学

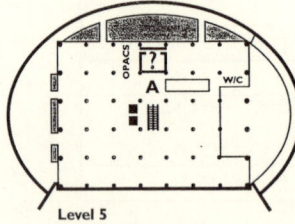

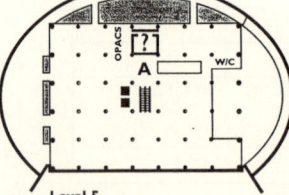

Level 5
A 新聞・雑誌

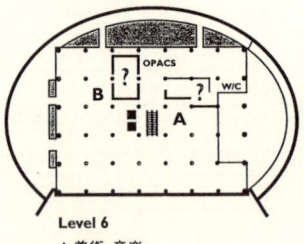

Level 6
A 美術・音楽
B 歴史・行政

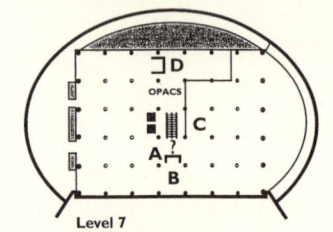

Level 7
A 管理部門
B ライブラリー・ボード室
C コンピューター・ラボ
D スペシャルコレクション

Library Square Directory

- □ 職員のスペース
- ▨ 吹抜け
- W/C トイレ
- ■ エレベーター
- ▮ エスカレーター
- ? インフォメーション/サービス
- OPACS 利用者用検索コンピューター

吹き抜けを介してシェル(殻)部の閲覧席を見る

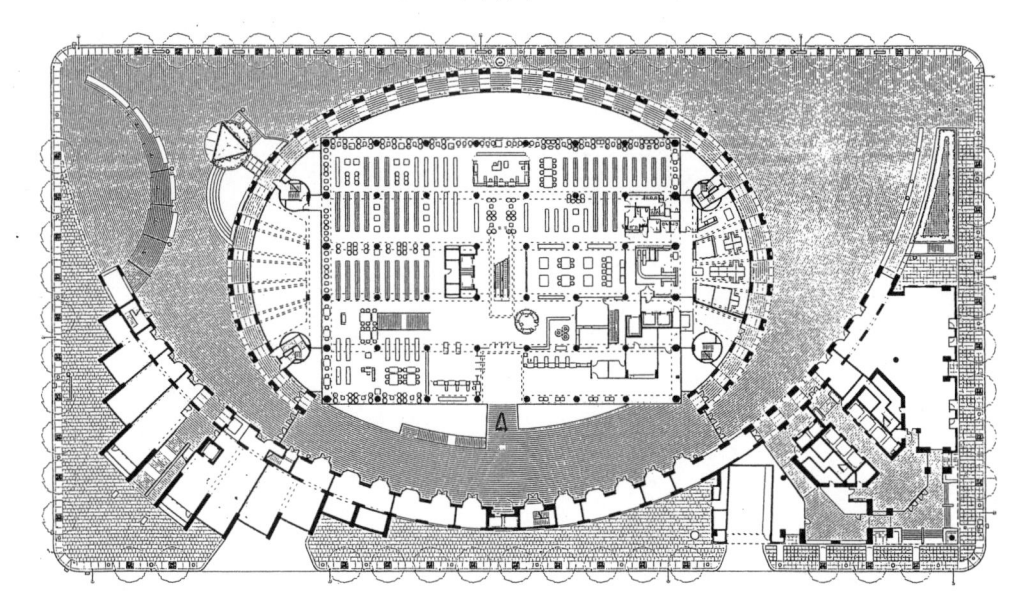

バンクーバー・セントラル平面図2

2階平面図・配置図

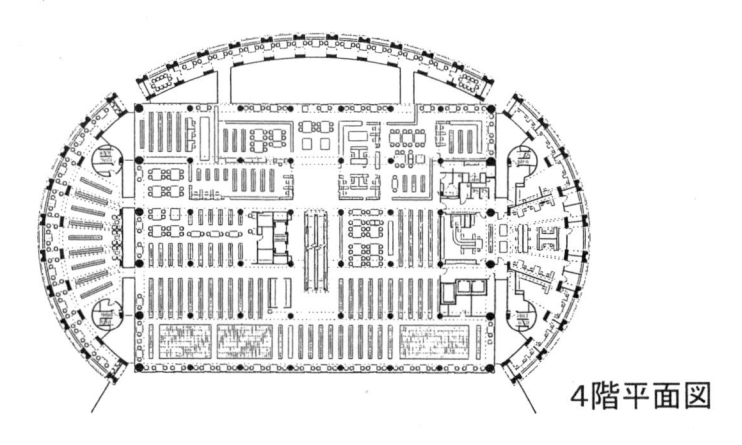

4階平面図

Copyright: Moshe Safdie & Associates Inc.; Downs/Archambault & Partners-Associated Architects

　個々のデスクに個別照明を備える一方で、天井照明は均等な光を配する間接照明方式を採用し、家具配置の高いフレキシビリティを確保している。そして、4、5、6階では、楕円シェルとの間の吹き抜けにブリッジが架けられ、そこを渡ってリーディングエリアと名付けられた閲覧座席の並ぶシェル部に至る。ここに並ぶ座席からは向かいに建つ同じ設計者による劇場が眺められる演出である。

　入口階から下りる児童室は、南側シェルに広がり、ハイサイドからの自然光が入る気持ちの良い空間である。穴ぐらのような空間のお話室など、都心の中央図書館の児童室としては十分な機能を有している。
　一方、職員のスペースをみると、部門ごとの専門職員はアイランド状に可動間仕切りで囲まれた中にワークスペースがとられている。受入・整理部門は窓のない1階で吹き抜けから見

129

青少年部門　ガラス越しにコンコースが見える

間接照明形式の書架スペース、手前は返却本台

下ろされる位置であるなど、仕事の場所としては決して恵まれた環境とはいえない。しかし、それだからこそスタッフラウンジは大きな面積の明るい光の入る部屋として確保されている上に、付属してスタッフ専用の図書室、さらにトレーニングマシンの並ぶジムまでが備えられている。このオンとオフの歴然たる差の割り切りは見事としかいいようがない。

仕組みとして面白いのは、返却図書の処理で、2階の返却カウンターに戻された図書は、ベルトコンベヤに沿って1階へと滑り落ち、そこで仕分けされて専用の自走式垂直搬送装置により各階へと戻される方式である。2階から1階に滑り降りる様子を、プロムナードから眺めることもできる。この仕組みであっても、返却から再配架までは何と3日を要するとのことである。

構造面での特徴としては、全館の全スペースをフリーアクセス床構造としていることで、しかも1層目と2層目の間隔を約60cmとり、その間を配管・配線スペース、空調の経路としていることである。ガラスカーテンウォールのプロムナード側ファサードでは、2枚の床構造が通行人からも見える。なお、コンピュータ用通信配線の延長は51kmに及ぶ。

統　計

〔市立図書館全体〕

- 登録者数：380,083人（人口の70％）
- うち、54,411人（14％）は14歳以下の児童、年齢層別では5歳から9歳が最大の登録者集団である。
- 全貸出冊数：8,130,000点（1996年）以上、うち2,106,000点（26％）が19歳以下に借り出されている。
  開館時間1時間あたりの平均は3,257点になる。
  登録者1人あたりでは年間440C$を還元した計算になる。
- 市長直属のグループの最新の報告によれば、「図書館に行く」は市民に最もポピュラーな行動である。
- 収蔵資料数合計：200万点以上（あらゆる主題領域、20種の言語）、含む聴覚または視覚障害者用資料
- 利用者用パソコン台数合計：900台以上（ディジタル化情報およびインターネット接続可）
- 中央図書館開館以来の2年間で、バンクーバー市図書館全体の来館者数ならびに貸出利用者数ともに従前の2倍になった。
- プログラム数：5,598件
  内訳：　児童またはヤングアダルト向け＝3,639、一般成人向け＝544、
  　　　　読書会＝200、インターネットトレーニング＝15、
  　　　　高齢者、在宅・在施設者向けアウトリーチプログラム＝1,200
- ブリティッシュコロンビア州内図書館間相互協力における最大の資料提供館で年間8,000点以上を提供している。
- 図書館がバンクーバー市民から受けた寄付金を市民1人当りに換算すると年間50C$である。
- 市の財政の逼迫化により、1991年以来、分館では1週間当り7時間、中央館では同8時間の開館時間の短縮を余儀なくされている。
- 職員数（フルタイム職員のみ：ただし、館長等管理職員と管理部局職員、ならびに日曜日担当職員は含まない）

	直接サービス部門	間接サービス部門
ライブラリアン	106人	11人
アシスタント	248人	37人
技術者	5人	－

〔中央図書館〕
・中央図書館資料数：120万点（図書、雑誌、マイクロ資料、視聴覚資料〔ビデオ、CD、カセットテープ〕）
・開館以来中央図書館には1日平均8,000人が来館している。結果、1996年1年間に2,240,000人が来館しているが、この数はすべての主要なプロスポーツの観客数合計を上回る値である。
・開館日1日当りの利用状況

	1997年	1998年
貸出点数	6,218	6,444
新規利用登録者数	130	114
入館者数	6,653	6,311
質問回答数	3,009	2,657

・建設費用、移転費用
　　図書館、商店、デイケアセンター、コンコース　　106,800,000C$
　　連邦政府ビル　　　　　　　　　　　　　　　　　50,000,000C$
　　旧館からの移転費用（延べ600台のトラックなど）　　300,000C$
・座席総数：1,200
・駐車台数：700台

各階入口付近にあるインフォメーション壁面

VANCOUVER PUBLIC LIBRARY

8-6 バンクーバー・パブリック・ライブラリー レンフルー・ブランチ

植松貞夫

RENFREW BRANCH

建設の経緯

　バンクーバー市の東端部、レンフルー地区に立地する分館である。サービス対象地域の人口は約22,000人で、英語を日常的に使う人がその49％、次いで中国語の人が26％であり、以下イタリア語（6％）、ドイツ語（1.5％）、インド語（1.4％）とまさに多言語コミュニティである。従って、この図書館でもESLサービスには力を注いでいる。

　この地域は長い間図書館サービスの空白地であった。そこで1990年にライブラリー・ボードがこの地区に分館を建設することを決定し、その後に住民投票により中央館を作り直すこととこの分館の建設が70％の賛成を得て同時に承認された。

　91年からライブラリー・ボードが検討作業を開始し、集書やサービス計画策定のために、地元の住民の意向を聞く会などがもたれた。92年4月には、コンペ方式によりライブラリー・ボードが設計者を選定した。しかし、建設地の選定に時間がかかってしまい、93年9月に着工し、開館は94年の10月である。敷地探しでは、当然のことながら、利用者が集まりやすい、交通の便が良い、買い物のついでに寄れるなどの条件を設定したが、この地域には大規模ショッピングセンターはなく、商店も点在していて中心といえる場所がなかった。現在この図書館は交通の便も比較的良い公園内に建設されているのだが、この公園には既にコミュニティセンターが建設されており、この敷地部分は公園の駐車場であった。そのため、公園局が図書館建設を承認してくれず長い交渉を強いられたからである。結局、背

Data
図書館名	Vancouver Public Library Renfrew Branch
館長名	Stephanie Bohlin
所在地	2969 E 22nd Ave. V5M 2Y3
奉仕人口	約22,000人
システム内図書館数	21
コレクション	図書 75,000、定期刊行物 202、新聞 15 CD 1,000、カセットテープ 2,000、 ビデオテープ 3,200
職員数（当分館）	14名
貸出点数	683,490点(1998) 31.0点/人(2.2万人に対して)
レファレンス回答数	1,000件
年間支出額	資料費 147,000C$ 人件費 583,000C$
面積	1,486㎡
収容力	約10万点
設計者	Hughes Baldwin
建設費	54,000,000C$
建設年	1994年10月22日開館
開館時間	火・水・木 10:00〜21:00 金・土 10:00〜18:00 日 13:00〜17:00　月曜は休館

の高い建物としないこと、ピロティ形式にして建物下に駐車場を確保することで合意した。公園局より66年間の賃貸(1C$/年)で借りている。

建設計画は中央図書館内にフォーカス・グループが設けられ、具体化に向けてさまざまなレベルでの委員会が構成された。数社からアイディアを求め、ライブラリー・ボードが設計者を選定した。設計段階では市の建設コーディネーター、図書館、建築家の3者で協議を重ねた。

なお、13名のフルタイムスタッフを率いる館長は、バンクーバー市立図書館の職員内での公募に応募し、ボードの審査を経て94年の1月に選定されている。新しく大きな分館をまかされることは大いなる挑戦であるとの意欲にあふれている。

建築

延床面積は1,486㎡で、バンクーバー市の分館の中では最大の面積を有している。そのため、狭いながら館長が個室をもつのはこの館だけとか、他の分館では多くて2台の利用者用パソコンがここでは7台を備える、比較的広い多目的集会スペースをもつなどということができている。収蔵資料数は約85,000点である。

コミュニティセンター前の公園の西側を占めているが、公園側から見れば下にピロティの駐車場をもつ一部3階建ての建物である。しかし、前面道路が西から東に傾斜しているため、図書館の入口付近では道路は1階の床レベルよりも高い。そのため、アプローチ側の道路からは階段を下りる形で入口に至る。これにより、背の高い建物にはしないという公園局との合意条件を充たしている。ただ、道路に向かって屋根が三角形のエッジを突き出すことで、存在感を与えている。

この図書館は模範的といえるほど、合理的なスペースレイアウトと空間形成がなされている。入口と出口とが明確に分離された入口を入ると、インフォメーションデスクが正面に出迎える。その背後にはOPACの端末や参考図書が並ぶインフォメーションセンターで、広いテーブルも用意されている。この空間は館中央部ながら、片流れの高い天井のハイサイドから明るい光が入り込む気持ちの良い空間である。一般成人の閲覧室である右手の長方形平面の部分は、天井が低く高書架が規則的に平行配列されたフォーマルな雰囲気で形成されてい

レンフルー・ブランチ・ライブラリー外観

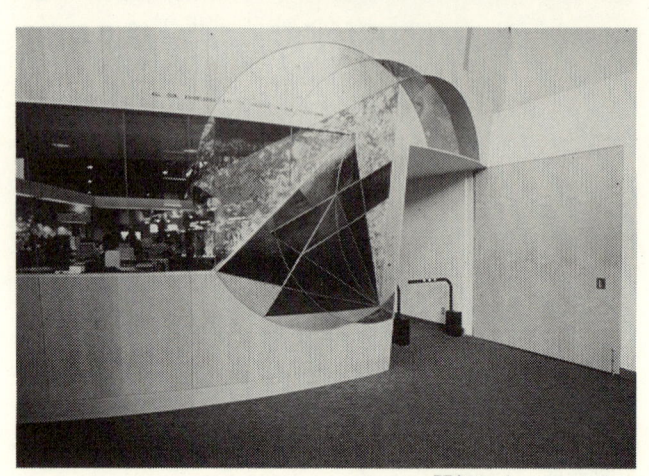

開架スペースへの入口

る。そしてインフォメーションゾーンを抜けた東側には、児童スペースが年齢層別に低い書架が座席を囲みこむ形でコーナー形成している。ここも天井は低くなっているが窓からは公園のグリーンが眺められる。また、多目的ホールは図書館の閉館後も利用できるように、エントランスホールから直接入ることもできるし、インフォメーションセンターにも通じている。

エントランスホールは広いとは言えないが、湾曲する正面の壁に芸術的な絵が描かれている。バンクーバー市の図書館では工事費の1％をこうした芸術作品の費用に充てることにしている。多目的ホールとエントランスの上部は機械室に充てられている。決して広いとはいえないが職員のスペースも十分なものと思われた。

また、サインのデザインの美しさと設置箇所の適切さが印象的であった。

外観デザインも美しく活発に利用されているこの図書館は、1995年にブリティッシュコロンビア州図書館協会建築部門賞を受賞し、97年春には設計者が年度の建築賞を得ている。

利用状況等

95年に中央図書館が開館して以来、公共メディアに図書館が紹介されることが多くなり、図書館が再認識されて、図書館利用は一種のブームの状況にある。さらに、英語以外を日常語とする利用者を増やすべく、この図書館でも中央図書館の多言語局に依頼して、中国語やベトナム語の資料の収集に力を入れている。しかし、これらの言語による資料はOPACデータベースに収録されていない。また、バンクーバーコミュニティカレッジが主催する英語ラーニング教室が

インフォメーションデスクとインターネット接続パソコン

多目的ホールを会場に定期的に開催されている。この多目的ホールは非営利団体には無料で、営利的な利用には有料でコミュニティに貸し出されている。子ども向けのプログラムは、学校がある時期は就学前の子ども向けのお話会が中心であるが、夏休みには本に親しんでもらえるようSummer Reading Programを用意していて600人もの子どもがこれに登録しているとのことである。

利用者の増加に合せて職員数も充実してきている。とはいえ市の財政逼迫のため、オープン時は週6日開館していたものが、現在は火曜日から土曜日の週5日に短縮されている。ただし、冬は日曜日も開館する。

この図書館もコンピュータの利用者の提供には力を注いでいる。7台のパソコンは青がCD-ROM用、黄色がインターネット、ピンクがカタログというように用途によって色分けされている。建築上もピロティ構造を利用して、配線を床から引きだし、フレキシブルなワイアリングを確保している。

レンフルー平面図

1　入口
2　入口ロビー
3　貸出しデスク
4　インフォメーション
5　成人
6　ヤングアダルト
7　児童
8　多目的室
9　児童
10　多目的室
11　スタッフラウンジ
12　館長室
13　事務室

作業室内部

ヤングアダルトコーナー

BURNABY PUBLIC LIBRARY

8-7 バーナビー・パブリック・ライブラリー
ボブプリッティ・メトロタウン・ブランチ

西川　馨

BOB PRITTY METROTOWN BRANCH

バーナビーはバンクーバーの東に接し、バンクーバーのベッドタウンとも言うべき都市である。

Data

図書館名	Burnaby Public Library Bob Pritty Metrotown Branch
館長名	Paul Whitney
所在地	61000 Willingdon Ave, V5H 4N5 SAN 365-7965 Tel 604-436-5424　Fax 604-436-2961
HPアドレス	http://www.bpl.burnaby.bc.ca
奉仕人口	18.8万人
システム内分館数	4館＋(1BM)＋1館(建設中)
コレクション	図書 229,704(+未整理36,506)、 定期刊行物 600、新聞 120、 CD 4,584、ビデオ 9,679、 マイクロフィルム/フィッシュ 127,000 資料合計 408,213
職員数(当館)	51(奉仕)＋23(管理・整理・館外奉仕)=74人
コンピュータ	15+CD-ROM用2+インターネット用6
貸出点数	システム全体 3,624,000点　19.3点/人 この図書館内 1,900,000点
レファレンス数	307,000件/年
年間支出額	7,227,850C$(システム全体)
面積	5,667㎡
設計者	Jams K.S.Chen
建設費	8,000,000C$
建設年	1987年　1991年開館
開館時間	月曜～金曜 9:00～21:00 土曜 9:00～18:00　日曜 13:00～17:00
その他	名前は市内の元先生・国会議員・市長の名にちなんだ

館長のPaul Whitneyさんは1年前までカナダ図書館協会の会長だった人である。温厚な、自信に満ちた老紳士だった。熱心を絵に描いたような、40歳ぐらいかと思われるJon O'Grady副館長と一緒に説明と案内をしてくれた。

建設・変化の経緯

1991年に開館している。設計者を募集し、市役所の建築担当者に加わってもらって選考した。選ばれた建築家はJams K.S.Chenで、図書館を設計するのは初めての人であった。当時の図書館長は初めての人の方が良いという考えだった(Paul Whitneyさんはそうは思わないが…)。全体的には使いやすい図書館であるという説明であった。当時は今の館長ではなかったので、あまり詳しくは分からない様子である。

現在分館(文書館を含めて1,840㎡)を一つ建設中である。その建設までの経緯は、1992年にライブラリー・ボードから発議し、市当局と協議を重ねて1996年に正式決定をした。その後、設計者を募集し、図書館長と市のプランニング担当者と市のエンジニアリング担当者の3人で選定した。基本設計に6カ月をかけ、3月に市の認可(建築許可か)がおりて、目下実

西側、駐車場側から図書館エントランス方向を見る

施設計中である。年内には入札にかけて着工したい。工事予算は約600万C$（≒5億4000万円）である。

サービスの特色

　説明の中で館長がバーナビー図書館の「哲学」を語ってくれた。"バーナビーでは図書を主体にしたサービスを考えている。図書は最も力がある。蔵書を増やすことが最も重要である。それに加えてCDやVTR、インターネットなどを取り入れていく考え方である。隣のリッチモンド市では、コンピュータに大変力を入れており、明日見学予定だそうだが、見た感じがこことは違うだろうと思う"

　バーナビーはブリティッシュコロンビア州の中では最も利用者の多い図書館の一つである。建設の時の予想では1日に入館者が2,000人と見こんでいたが、2年後には3,000人になっている。バンクーバーの新しい図書館ができるまでは、もっとも貸出量の多い図書館であった（年間190万点の貸出は、日本では大阪市立に近い数字で、この規模にしては驚異的といってよい）。分館は3つであるが、それぞれ相当の規模のものである。貸出量は、この本館が50%を占めている。貸出資料の1/4は活字ではない資料となっている。インターリンクに加入しているので、この図書館の利用者の1/3はバンクーバーの市民である。バーナビーの市民もバンクーバーの図書館をよく利用している。

　デリバリー（宅配）サービスの作業をする部屋が1つあって、宅配を積極的に行っている。ハンディキャップがあって図書館に来ることができない人ばかりではなく、何等かの理由で3カ月以上、家の中に篭りきりになっている人にはデリバリーをする。証明書の

ようなものが別に無くとも、配達に行けばどのような状態かは見てわかる。本だけではなく、雑誌や、音楽レコード、オーディオブックスなども配達する。

以下質問に答えて；

図書館の予算は市の固定資産税の中から、図書館予算の約80％、州からの補助金が約5％、延滞料などが約7％である。市の全予算額の約44％を占めている。図書館予算の20％は資料費に当てたいと思っている。

CD-ROMの貸出について；家庭用で購入しているから著作権の問題はない。著作権の取り扱いについては、州の図書館協会が、協会の仕事の大きな部分として、交渉と処理に当っている。

ライブラリー・ボードと市との関係は？　たとえばライブラリー・ボードと市とが意見が違った場合は？；粘り強く市と協議を重ねて合意を得られるようにしている。議会の承認がなければ何もすることができない。

選書に関して；それぞれの担当のスタッフが選んでいる。日本では、相当の経験者でないと本を選ぶことができないと言われているが、…。さまざまな経験を持ったスタッフを集めている。本屋の経験のある人が図書館のスタッフにいる。また外部の専門家の知恵も借りている。

もらって帰った資料によると、図書館で提供しているデータベースのEBSCO hostには3,000の雑誌のインデックスと1,000の雑誌のフルテキストが入っている。それは家庭のコンピュータからも利用することができる。

建築の特色

建築に対する図書館長の感想は、①建っている位置が大変良い。東西

入口正面のインフォメーションデスク。背後に検索用コンピュータが見える

の開発された地区の中央に位置している。近くにヒルトンホテル、イートンセンターがあり、沢山の従業員がいてそれが図書館の利用者になっている。②館内のレイアウトが良い。ひとに聞かなくても欲しいものが見つけられる。③拡張の余地がある。開架室を同じ幅で増築して伸ばすことができるようになっている。④2階の窓際の読書席が大変良い。現在、すでに本を入れるところが無く狭くなってきているので、数年後には増築したいという希望をもっているという。

　道路側からと、ショッピングセンター側からと両方から入口があり、通り抜け部分が2階まで吹き抜けのエントランスホールになっている。そこに大きな掲示板があり、音楽会の案内やらさまざまな案内掲示の下隅には、伝言板コーナーがある。4cm×10cmぐらいの決められた大きさの黄色い紙に書いた伝言がびっしりと並んでいる。

　右入口、左出口と分かれているゲートを入ると、エントランスの中央に、大きな円形のインフォメーションデスクが待っている。突き当たりに8台ほどの検索用のコンピュータがつい立状に置かれていて、その奥が広々とした新聞・雑誌閲覧室になっている。南の大きなガラスに面していて、人々が居心地よさそうにゆったりとくつろいでいた。館内は家具・内装共ダークブラウンの木製で、クラシック調である。

　奥は新聞・雑誌スペースを含みほぼ正方形の広い開架室になっており、1階は児童・新聞雑誌・成人フィクション、2階は成人のノンフィクションという構成になっている。中央部分が一部吹き抜けになっていて1階から2階を垣間見ることができる。館長が自慢するように確かに分かりやすい形と言っていい。1階にポピュラー関係をまとめてしまったので、2階は比較的

ゆったりとしたブラウジングスペース

に静かで、窓際や奥の方の読書席は快適そうに見えた。1階のインフォメーションデスクの真上、すなわち2階の入口に当るところに、やはり大きなインフォメーションデスクがある。この図書館でも、貸出返却はルーチンの仕事であり、図書館のサービスの中心はインフォメーションデスクであるという姿勢が、鮮明に見て取れる。増築して開架部分が倍加すればなお良くなりそうに思われた。

検索用のコンピュータは1・2階のインフォメーションデスクの前に、それぞれ5〜6台ずつ置かれているが、その他の十数台のコンピュータは元地図室であったコーナーに置かれていた。利用者用コンピュータは現在23台だが、さらに増やさなければならないという。1987年当時はコンピュータ配線のことを考えていなかったので、コンピュータ増設の度毎に費用が掛かると館長が嘆いていた。

利用者部分に比較して、裏方の方は作業室が分散していたり、書庫が分散していたりして、建築計画的に未整理の感じがする。裏方を見た感想としては、スタッフラウンジが、3階の見晴らしの良い場所に広々と設けられていたこと、デリバリーサービスの作業室がしっかり設けられていたことである。

この建築の欠点として館長は、機械が時々故障することや、機械室の音、スプリンクラーやアラームの誤作動を言っておられたが、大きな不満はなく使っておられるようであった。建築のデザイン的には、外観その他取りたてて言うべきことはないように思われる。機能優先の建物というべきであろうか。

2階窓際読書席

児童室。しきりに子供らしく演出しようとしていたが

バーナビー平面図

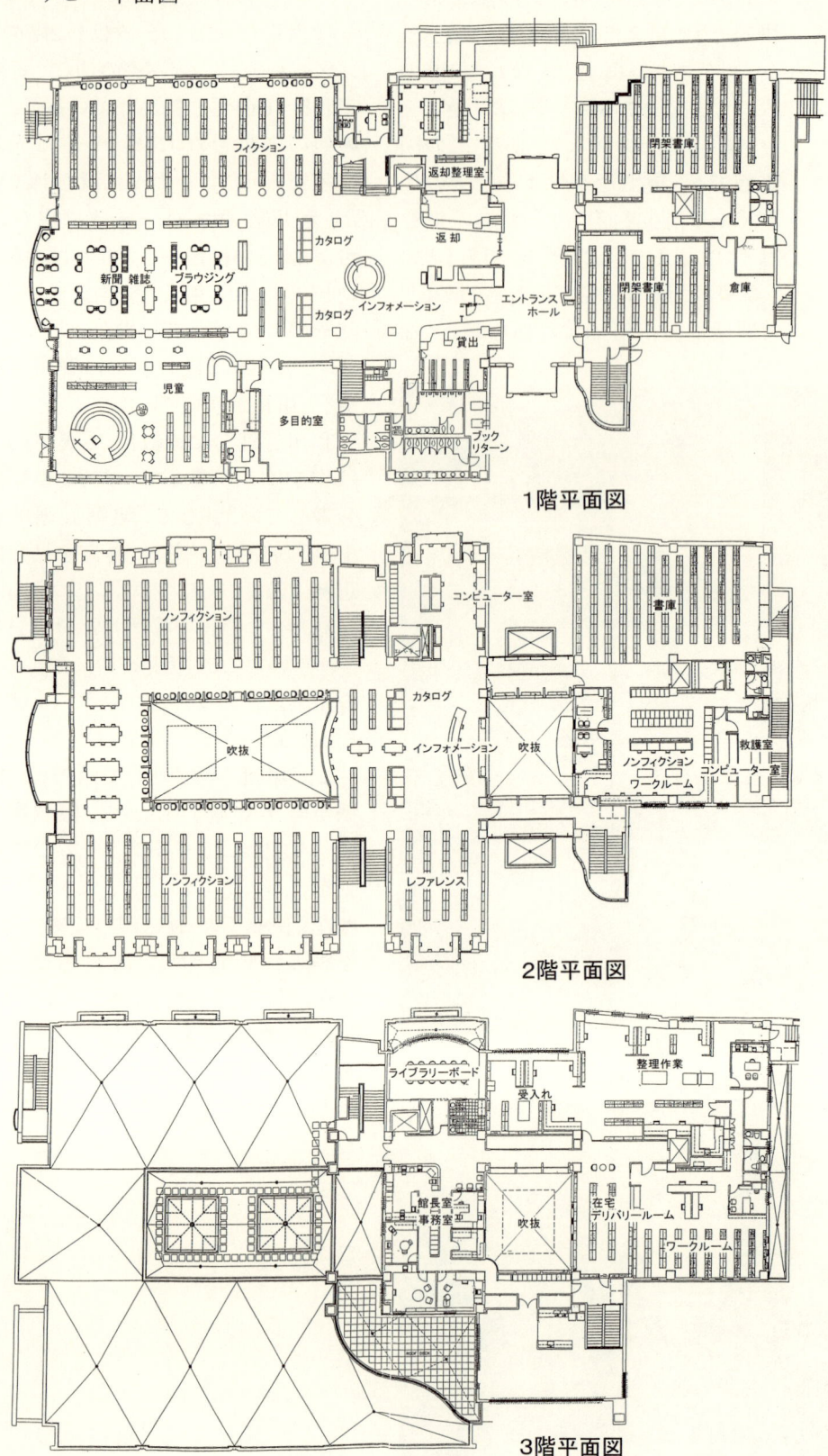

1階平面図

2階平面図

3階平面図

Copyright: James KM Cheng Architects Inc.

RICHMOND PUBLIC LIBRARY

8-8 リッチモンド・パブリック・ライブラリー
アイアンウッド・ブランチ

植松 貞夫

IRONWOOD BRANCH

2階エントランスホールより開架スペースへの入口。
右壁面が4種類に分けられた返却ポスト

Data
図書館名	Richmond Public Library Ironwood Branch
館長名	Cate McNeely（副館長）
	Colleen Chambers（ライブラリー・ボード議長）
所在地	11688 Steveston Highway Unit 8200 Richmond, BC
HPアドレス	http://www.rpl.richmond.bc.ca
奉仕人口	リッチモンド市全体で14万人（40%がアジア系）
システム内図書館数	3（中央館1、分館2）
コレクション	45,000点（図書、雑誌、CD、ビデオ）
職員数	13人
貸出点数	67,000点／月
来館者数	8,000人／月
年間支出額	5,000,000C$
面積	1,104㎡
設計者	Kasian Kennedy Gardner Partnership（インテリアとサインのみ）
建設費	2,005,000C$
建設年	1998年（12月15日開館）
開館時間	月～金 10:00～22:00　土・日 10:00～17:00

建設の経緯

　この図書館はバンクーバー市に隣接するリッチモンド市の最新の分館で、98年に開館した。リッチモンド市は名前が好まれて大きな中国人コミュニティをもっていたが、香港返還を機に一層大きな集団に成長している。この図書館でも利用者の多くを中国人が占めている。

　カナダ各地に見られる例であるが、こうした人口が急増している自治体では、住宅地の拡大に伴い商業施設・公共施設から成るタウンセンターが新たに整備されている。この図書館も新興住宅地の比較的小規模なタウンセンター（Ironwood Plaza）の一画の建物の2階を使用している。1階はほとんどが歯科クリニックであるが、図書館は建物中央部に専用の入口をもち、専用の階段とエレベータをもつのでいわゆる複合施設としての問題は全くない。

　実はこの建物は、図書館の立地が決定される前に、市の建設局により形態の設計は終了しており、図書館は店子として、インテリアとサイン設計にのみ関与した。こうした経緯にもかかわらずこの図書館は、ゾーン配置や家具レイアウトなどに館の基本方針が見事に反映されており、家具や照明器具やサインのデザイン、色使

いには設計者の並々ならぬ力量が発揮されて、ハイセンスな小規模図書館に仕上げられている。

建築

モスグリーン色のフレームとガラスの外観の建物は、サイン以外には外部から図書館らしさはまったくうかがわれない。ちょうど中央に石張りの玄関が設けられ、そこが入口であることは駐車場からはすぐ分かる。両側には2個ずつのブックポストの投入口が郵便受けのように付けられている。入口を入るとすぐに階段が2階へと導く。上がるにつれて視界は大きく開け、2階にある図書館の入口前としては十分な面積をもったロビーになっている。

設計に当たっては、この図書館のホームページにも、「21世紀の図書館」、「この図書館は本の好きな人とコンピュータの好きな人にサービスする図書館」と書かれているように、(1)図書館利用に慣れていない中国人コミュニティにも親しみやすい図書館、(2)情報のディジタル化への対応に力点が置かれた。

まず、親しみやすい図書館という点では、(1)2階平面のほぼ中央の入口から左右に湾曲するメインストリートを設け、館内が一望できるようにしたことで、自分の行きたいところがすぐに分かる。(2)入口正面の新着図書、中央部に配架されたペーパーバック、ポピュラーブック書棚ではフェースアウトディスプレイを基本として、まるで本屋のような感じを作り出している(ホームページでも「まるで最先端の本屋に入ったかのような印象を受けるだろう」としている)。(3)中央から南側を児童を含むポピュラーな利用ゾーン、北側を本格的な利用への対応ゾーンに明確に区分している。南ゾーンの奥に暖炉とテレビのあるサロン(Library Living Room)を設け、談話や飲食に開放されているなど利用を喚起する試みが随所でなされている。一方、北側のゾーンはメインストリートに沿って高書架が並び、北側端部にはガラス壁で仕切られた28席の静粛な読書室(すべての座席で持ち込みのノート型コンピュータが使用できるよう情報コンセントが配線されている)をもつなど本格的な図書館としての備えも十分である。このように、静粛さを確保した閲覧室を設ける一方で、その他のスペースでは静粛さ

本屋のようなディスプレイ

メインストリート。左が自動貸出機

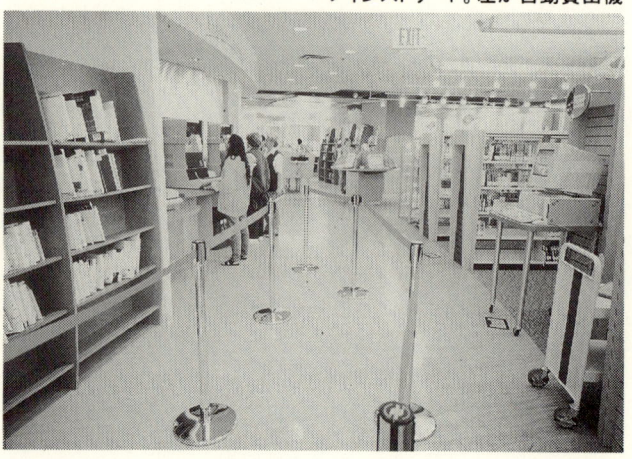

アイアンウッド・ブランチ・ライブラリー外観

を強いることはなく自由に会話を許していることや、椅子の張り布などもピンクを基調にした色使いなどいかめしさを排したインテリアも親しみやすさに大いに貢献している。

次に、ディジタル化への対応という点では、この規模の図書館としてはインターネットに接続できるパソコンやOPAC端末が非常に数多く設置されていることがまず挙げられる。特に、南側ゾーンにパソコン20台を備えた仕切られた部屋が設けられていることが特筆できる。ここでは、いわゆるコンピュータリテラシーの向上のための講習会が頻繁に行われているが、それ以外の時間は開放され自由な利用に供されている。そして、前述のサロンにもインターネットカフェという名称でインターネット接続パソコンのコーナーがとられている。その他、入口すぐ南には4台のOPAC端末と7台のディジタル情報用端末、児童コーナーには6台、北側のゾーンには8台のインターネット接続パソコンがという具合に、メインストリートの近くに多数のパソコンが配置されていることで、利用者をパソコン利用へと誘い込む。しかも、児童用パソコンは子どもが使いやすいよう大きなマウスをつけていたり、インターネット接続パソコンでは画面のプライバシーを護るためにテーブルの甲板をガラスとしてその下にCRTを埋め込むなど細かく配慮されている。

また、少人数の職員による管理への対応では、資料の返却は1階入口横に設置された「一般用図書」「中国語図書」「児童図書」「CD、Video」と明記された4つのポスト、または2階のBDSゲート前のゾーンで階段正面の壁に設けられた同じ分類のポストに返す方式で、カウンターでは受け取らない。そして資料の貸出は3機の自動貸出機により原則すべてがセルフサービスで行われている。もちろん、横に有人のカウンターがあり行列が

長い時や援助が必要な人に対応しているが、85％（目標は95％）がセルフ式で借り出されているとのことである。さらに、延滞料金は市の会計部局から提供された「online kiosk」なる税金なども納入できるセルフ式機械で徴収されている。

　このように、この図書館は近未来の図書館の姿を先取りしているように思われる点が多く、今回見学した図書館の中でも記憶に強く残る図書館であった。すでに決まってしまっていた平面形の中で、これだけの図書館を実現した設計者と図書館員の努力と力量は高く評価できる。

　しかし、残念な点を上げれば、(1) レファレンス専任の職員のデスクが置かれていないなど、利用者と職員とのコミュニケーションや人的サービスが不足している。(2)ディジタル情報への依存率が高く、活字資料の収集・提供への熱意が低いような印象を受けてしまうことも否めないことである。これも、特に後者は、バンクーバーという巨大都市の衛星都市の図書館としては一つの選択肢ともいえよう。

サービス面

　この図書館では、何といっても面積に比してのパソコン配備数の多さが強調できる。以下にそれをまとめてみると
- OPAC端末：
  "Library Look-up"と呼び入口近くに5台、
  一般開架書架側面に2台、
  中国語専用1台（合計8台）
- インターネット接続パソコン：
  "Library Look-up"に隣接して"Digital Reference Station"に8台、

右半分がサイレント・スタディルーム（静粛読書室）

　"Children's Discovery Station"と呼び児童用に5台、
　"Web Browser"と呼びサロン内の"Internet Cafe"に10台、
　一般開架書架近くに8台、
　"Computer Training Center"と呼ぶパソコン教室に20台、
　の合計59台
- そして28席の静粛読書室ではすべての席に情報コンセントが装備されている。

　そして、大バンクーバー圏で構成するInterLINKなるコンピュータネットワークに参加している。

　最後に付け加えると、本図書館建設に当たって高額の寄付をした人の名前を入口前の壁に記しているなど、この図書館も寄付金集めに躍起となっている。

アイアンウッド平面図

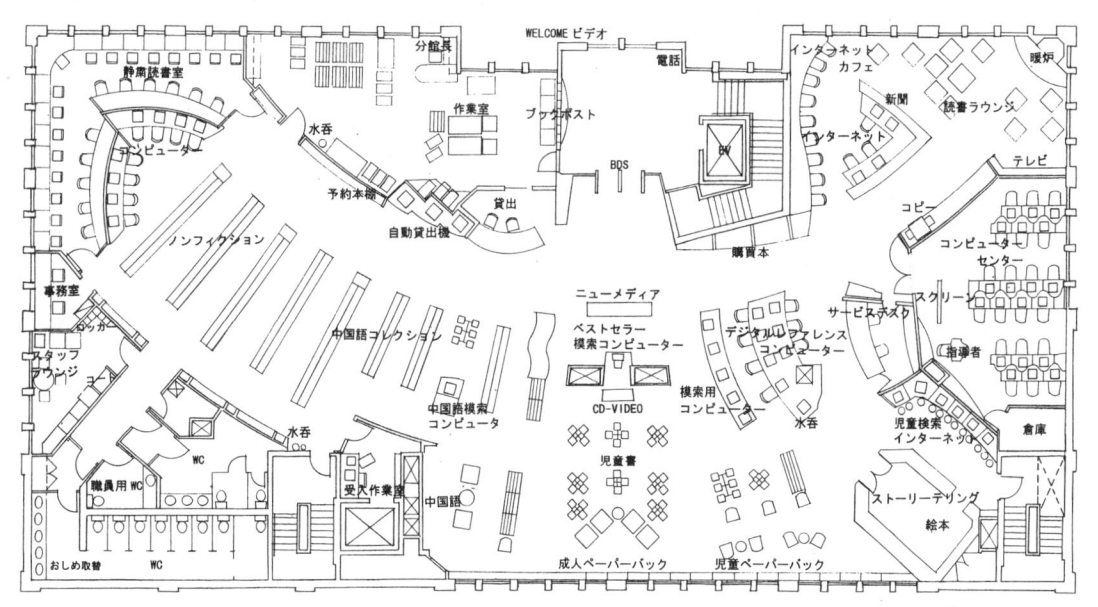

2階平面図

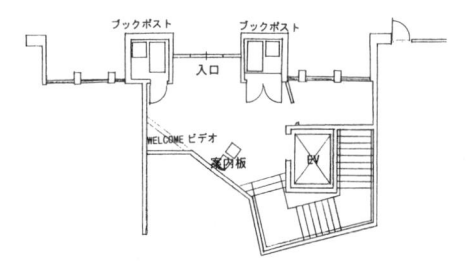

1階平面図

コンピュータ・トレーニング・センター

UNIVERSITY OF TORONTO

8-9 トロント大学
ジョン P. ロバーツ・リサーチ・ライブラリー

稲垣房子・西川 馨

JOHN P. ROBARTS RESEARCH LIBRARY

カナダで最も歴史の古い、最大規模の大学の、中心館である。北米でも最大規模の図書館といわれている。

建設の経緯

1959年将来計画委員会により新館建設の必要性が提言された。翌1960年建設計画委員会が設置され、検討が始まった。図書館の必要性は大学院過程で特に大きかった。1965年に設計のプロポーザルが実施され、設計者が選ばれた。当初は四角い形の平面が提案されたが、委員会が不満でやり直しを求め、今の形の平面となった。計画された規模は北米では当時最大級であった。1968年に着工し4年半で完成、1973年に開館している。

地下1階・2階は機械室と、将来の書庫200万冊分のスペースとなっている。西側にオーディトリアムができる計画であるが、周囲の庭園計画と共に予算不足で後回しになっている。

9～13階の書庫は、設計では閉架の予定であったが、学生の要求があり開架として使用している。

現在1階部分を改装工事中である。これまで2階が正面玄関であったが、冬期の凍結、激しいビル風、障害のある学生には危険であるという学生からの運動があり、1階を正面玄関とすることにした。それにともなって、1階をインフォメーション・テクノロジーのためのスペースに改装中である。

Data

図書館名	University of Toronto Library John P. Robarts Research Library
館長名	Carole R. Moore　Chief Librarian
所在地	130 St. George Street Toronto Ontario Canada M5S 1A5 Tel 416-978-2292　Fax 416-978-7653
HPアドレス	www.library.utoronto.ca/robarts/
奉仕人口	学生数38,000人
システム内分館数	32分館 40部門(Departments)を持つ
コレクション(システム全体)	図書 8,487,179 定期刊行物 43,532 カセットテープ+ビデオ 241,288 その他(地図、原稿、地域の写真) 464,227 合計 9,236,226
職員数	359人 うちライブラリアン122人 (本館内) 90人 うちライブラリアン16人
コンピュータ	600
貸出点数	3,896,146点(システム全体)
年間支出額	大学および大学分校の運営費の7～10%
面積	80,265㎡
収容力	4,980,000冊
建設費	33,963,000C$(建築) 650,000C$(書庫) 6,432,000C$(設計・家具)
建設年	1973年6月開館
開館時間	8:00～24:00
その他	名称は建設が承認された時の州知事の名にちなんだ

サービスの特色

館長、Ms. Carole Moorの説明：
　このロバーツ図書館は人文科学と社会科学を主とした図書館であるが、同時に32館ある学内の図書館の中心館である。また当初は大学院生のための研究図書館として計画された

14～15階	機械室、一部分図書館作業室。14階の窓際にも研究個室がある
9～13階	書庫。各階40万冊。窓際に研究個室
8階	東アジア図書館、犯罪学コレクション
6～7階	事務室、作業室
5階	政府刊行物
4階	雑誌、レファレンス・ルーム
3階	マイクロ・リーディング他、
2階	正面玄関、閲覧室、カフェテリア、展示スペース、館長室
1階	受け入れ作業室、貸出デスク、他大学学生用スペースだったが改装中
地下1・2階	機械室、将来書庫スペース

が、学生の要求もあって開館時から学部学生も利用できるようにしている。年間50C＄払えば一般の人も利用することができる。

　開架スペースが十分にあり、数多くのコンピュータが置かれてあり、カフェテリアも館内にあるので、ワンストップで全ての用が足りる。その便利さで、毎日約1万人の入館者がある。

　開館時はカードカタログであったが、それがCD-ROM利用のコンピュータに変わり、そのスタンド・アロン方式では不便なので今では、ネットワーク・データベースを利用するほうが多くなってきている。フルテキストをデータベースで提供しいるものが現在約11,000あり、その内雑誌が約10,000である。

　Director Mr. Grayle Garlockに館内を案内してもらう。

University of Toronto
John P. Roberts Research Library

トロント大学平面図1

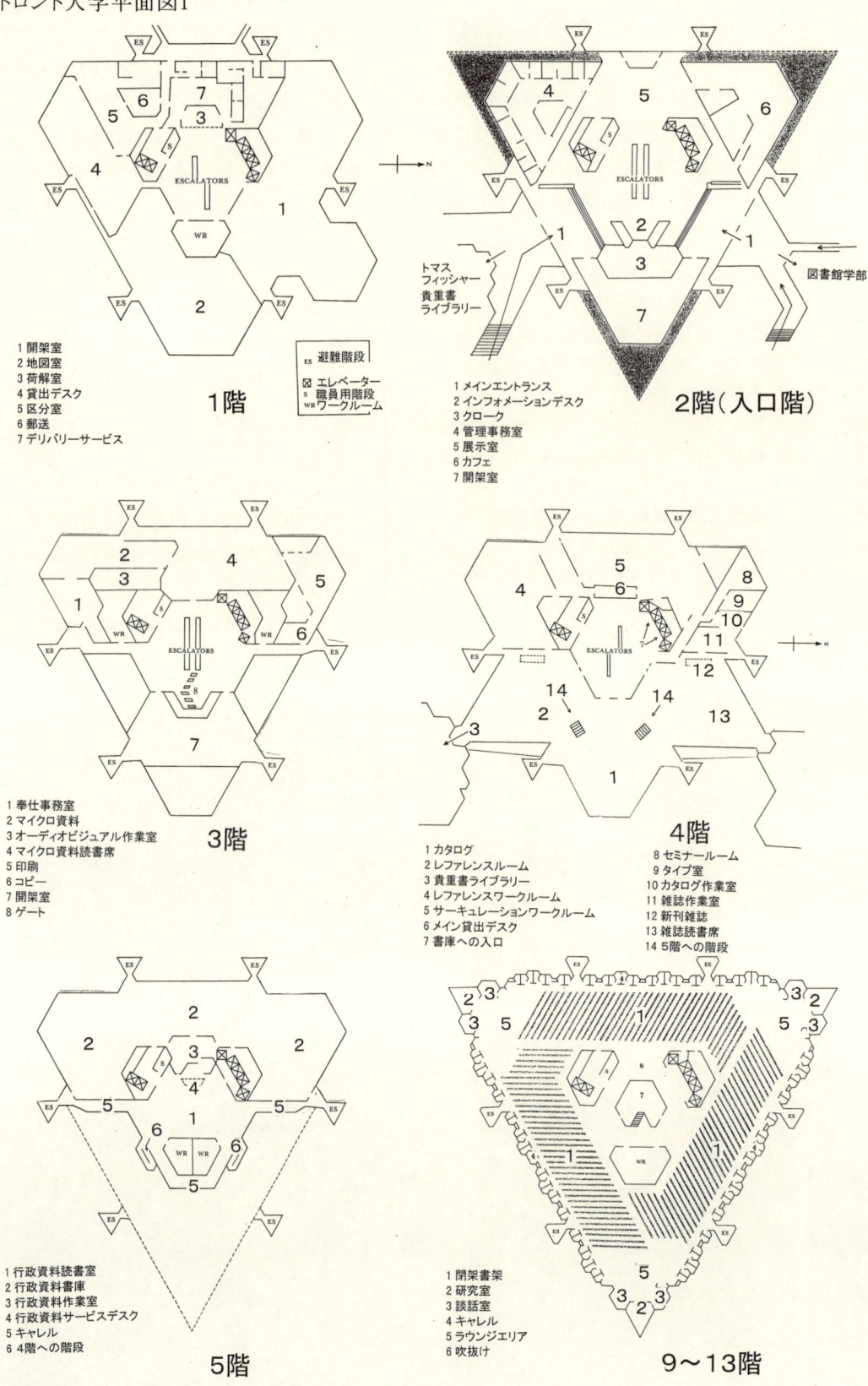

1階
1 開架室
2 地図室
3 荷解室
4 貸出デスク
5 区分室
6 郵送
7 デリバリーサービス

ES 避難階段
⊠ エレベーター
S 職員用階段
WR ワークルーム

2階（入口階）
1 メインエントランス
2 インフォメーションデスク
3 クローク
4 管理事務室
5 展示室
6 カフェ
7 開架室

トマスフィッシャー貴重書ライブラリー
図書館学部

3階
1 奉仕事務室
2 マイクロ資料
3 オーディオビジュアル作業室
4 マイクロ資料読書席
5 印刷
6 コピー
7 開架室
8 ゲート

4階
1 カタログ
2 レファレンスルーム
3 貴重書ライブラリー
4 レファレンスワークルーム
5 サーキュレーションワークルーム
6 メイン貸出デスク
7 書庫への入口
8 セミナールーム
9 タイプ室
10 カタログ作業室
11 雑誌作業室
12 新刊雑誌
13 雑誌読書席
14 5階への階段

5階
1 行政資料読書室
2 行政資料書庫
3 行政資料作業室
4 行政資料サービスデスク
5 キャレル
6 4階への階段

9～13階
1 開架書架
2 研究室
3 談話室
4 キャレル
5 ラウンジエリア
6 吹抜け

トロント大学平面図2

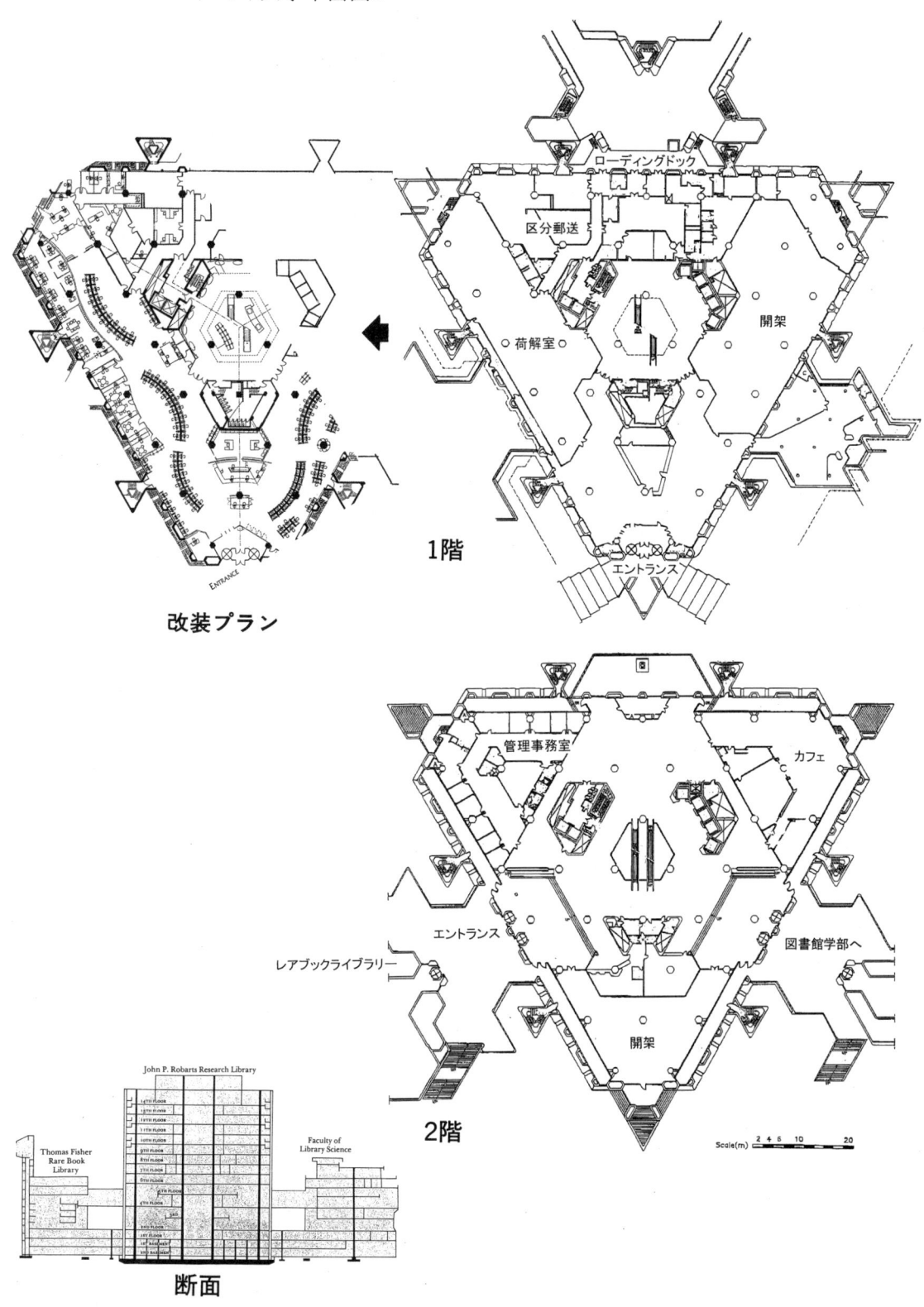

改装プラン

1階

2階

断面

Scale(m) 2 4 6 10 20

9階～13階の書庫は閉架書庫として計画され、図書の搬送設備を備えていたが、開架として使用しているので搬送設備は使われていない。書庫の平面が三角形で同じように書架が並んでいるために自分のいる場所がわからなくなる恐れがあり、書架を色分けして位置を示している。書庫の窓際全周囲に研究個室が置かれてあり、合計で約1,000室ある。個室は大学院以上の学生が利用でき、1年間通しで使うことができる。

　専門的なレファレンスは4階で対応し、職員のためのサポートコーナーもあり、職員がホームページを作ったり、授業の中に新技術を取り入れたりできるように、デモンストレーションのやり方などを教えてもらうことができる。3階はマイクロテキストや映像資料のセンターである。日本の丸善と契約していて、日本からの雑誌のコピー要求に応えている。有料で、このようなサービスがこの図書館の財源にもなっている。丸善とのつながりは、書誌ユーティリティのATLUSがこのロバーツ図書館で誕生したことにはじまる。

　1階と7階に障害を持つ学生のための窓口があり、専門のスタッフが常駐している。私たちが1階の障害者サービス室を訪れた時は盲導犬を連れた一人の女性が、コンピュータの前で何やら指導を受けているところであった。何らかの障害を持つ学生が入学すると、図書館を利用する前に面接を受け、その人に適したサービスを受ける相談をする。学習を続け、また将来の職業を得るために必要な補助を受けることもできる。教員は勿論、一般の人にも開放している。

　目の見えない人への図書館サービ

書庫階の一部。通路に対して書架列が斜めに並んでいる

4階の一部

スも行き届いており、三つの技術を使っている。一つはコンピュータの画面を大きくする。さらには画面の音声による読み上げ。三つ目はコンピュータの画面に出たものをそのまま点字プリントして触って読むというもの。マウスはあまり使用されないがキーボードはある程度扱える人もいる。コンピュータはマッキントッシュとウィンドウズ98であるが、おもにウィンドウズ98の方が使われているという。

　技術的には日本とそれほどの差はないともいえるが、図書館員や社会全体の支援意識にはかなりの開きがあるように感じられた。

ニューメディアへの対応
（Director Mr. Michael Edmundsの案内による）

1階のインフォメーション・テクノロジー・サービスは、いかにも情報技術の先端を行く大学図書館としての顔がうかがえる。これからの電子図書館サービスを目指して、その熱意が伝わってくる。この部分を案内してくれたMr. Michael Edmundsは、この部門の担当者で、情報センターの技術と学生をどのように結びつけるかについて日々考え続けているという。ハード面で一番重要なことは、当然のことながら沢山のコンピュータを備えることである。費用が掛かる。コンピュータによって情報を探すことが、どんなに重要かを認識してもらうことを目指したが、それは実現しつつあると言う。この大学の膨大なコレクションの目録を電子化するのも大変だったとの説明であった。

1階のフロアと書庫は、朝8時から夜中12時まで開館しているが、学期中は順番待ちで大変混雑している。夜中の方が混んでいるほどである。改装が完了すると、1階入口からはいり、すぐコンピュータ端末のフロアに行ける。メインのサービスカウンターとは別に、奥のほうにHelp Deskというカウンターがあり、専属のインストラクターが常駐している。コンピュータの操作やパスワードを忘れた時などのほか、時には個人のコンピュータを持ちこんでの質問にも答えてくれる。

地下の、入口を入って左ウイングにはKnowledge Media Data Baseと称する、知識や技術を総合できる装備を持った部屋を作ろうとしている。

図書館利用者の新しい登録カードはスマートカードと呼ばれていて、5万枚が発行されている。顔写真とIDナンバーとマイクロチップが入っており、図書の貸出返却だけではなく、コピー料金や食堂の支払いにも使える。現在は図書館内だけの使用に限られているが、将来は大学内の全てでこのカードが使えるようにする考えである。

学外者も25〜50C＄を支払って登録カードを持てば、図書館を自由に利用することができる。例えば、インターネットで日本の最新版の朝日新聞を読むこともできる。

今大切なことは、コンピュータを扱える専門家を数多く養成することであると考えている。図書館はそのためにさまざまな機会を提供する、という説明であった。

カタロギング

所蔵資料の95％はLC MARKを使って目録化されている。全ての言語はローマ字化して配列する。そのため、日本語の「私は」は、語彙の区切り書きで、「watakusi wa」と入れてやる必要がある。学生の要求で必要な言語資料をそろえていくので、135カ国の言語が使用可能化されている。日本語は、みわ子Kendlbacherさんが1人で、選書から整理までする。彼女は、日本語に関してはレファレンス・サービスも受け持っている。他の言語については選書のためのブックセレクターがいて、一人で5カ国語ほど受け持っている。

貴重書図書館
Thomas Fisher Rare Book Library

本体の図書館とは別棟になっている。インテリアは褐色のクラシック調で、照明は極端に明るさを押さえてあ

り、独特の雰囲気をかもし出している。中央が高い吹き抜けになっており、4周に5層ほどの壁面書架が積み重なっているのが見え、圧倒される。館長の説明によると、1600年代からの60万冊の貴重書があり、カナダ第一の貴重書コレクションであるという。最近受け入れたものは、一番目につく前面のガラスケースに展示されている。「赤毛のアン」の初版本もよい状態で置かれていた。全てが閉架で、資料を請求すれば図書館員が取り出してくれる。この美しい建物を見ると、貴重なコレクションを持っている人も寄贈しようという気になるらしい。安全面や温度湿度調整もよく管理されて

レアブック・ライブラリーの中央吹き抜け部分

いる。会員300人ほどの「貴重書友の会」が組織され、資金的な支え、募金活動、講演活動、カタログ作成の支援、広報活動などさまざまな活動をしている。

建築的な特色

　設計はカナダの設計者とアメリカの大規模設計事務所とのジョイントであった。北米最大級の図書館と言われるだけに、ともかく大きい。15階であるが平面形があまりにも大きいために立面はむしろ横長に見える。8階から上が張り出しになっていて横に広がって見えるからであろうか、孔雀が羽を広げたような形と言われているそうである。大き過ぎて私達のカメラではとても全体を写すことはできなかった。

　鉄筋コンクリート造である。平面図を見れば分かるように、ほぼ三角形の平面の中央部に六角形のセンター・コアーを持ち、外周全てを利用者の利用部分に開放しようというコンセプトでできている。センター・コアー部分は、壁で囲まれている部分が多く、初めての私達にとっては階段エレベーター部分が暗い上に、方向が全くつかめず、落ち着かない。全体に暗い印象を持ったのは、内部の壁がコンクリートの打ち放しでできていて、暗い色になっているせいかもしれない。

　方向の識別は書庫階で最も困るらしく、書庫階では三角形のそれぞれのウイングを色分けをして区別するようにしてある。書庫にとっては外壁からの日光はむしろ避けたいわけで、その外壁部分全てにキャレル（研究個室）を設けている。しかも、書庫2層分の高さをキャレル3層に使って、数を増やす工夫をしているのはユニークであった。

　館長の説明では、建ってから20年になるが、スペースも広く使いやすいとのことであった。現在2階がメインの入口になっているが、身障者対応や、冬期の凍結、強風などの不便が指摘され、1階を入口にすべく改造中である。

　それに合わせて、1階を"スコティア・バンク・インフォメーション・コモン"と称して、インフォメーション・テクノロジーのフロアーにしようとしている。改

1階、工事中の部分。コンピュータ・ワークステーションがカーブに配置されている。

装が完了して使用中の右ウイングに、コンピュータを80台、現在改装中の左ウイングに60台設置し、学生の利用に供しようとしている。いただいた資料によると左ウイングの60台のコンピュータの内、40台はフルサービスと称して、インターネット、オンライン・カタログ、E-mail、それにワープロ、スプレッドシート、プレゼンテーション・ソフトウェアが可能なものとなっている。その他の20台はフルサービスに加えて、グラフィック能力を備えている。すなわち、スキャンニングと、イメージ・マニュピュレーティング、それにOCR（optical character recognition）機能を備えている。

　さらに外壁際に、コラボレート・ルームと称して、ディジタル・プロジェクトのために数人で使用できるグループ室を、5室設けている。それぞれの部屋には上記のグラフィック機能、さらにオーディオ・ビジュアル機能を持つデスクトップ・コンピュータが備えられており、巨大データベースが複数自由に使えると言う。

　内側壁際にある2つの部屋は、ニュー・イメージ・センターとライセンス・ソフトウェア・オフィスと呼ばれており、高性能のスキャナーで高度な映像操作が可能であり、一方では、学内のあらゆるライセンス（特許）登録申請等に対応するためのハードとソフトを備えている。

　すでに使用中の右ウイングでは、学生が隙間なくコンピュータに取りついて利用しており、需要の強さを見せつけていた。このインフォメーション・コモンには図書館として相当力を入れているらしく、改装の設計は若者に馴染みのよいように、わざわざバーやキャバレーを多く手掛けている建築家に依頼したとの説明であった。コンピュータの列がカーブしていたり、バーのようなソフトなソファーが置かれていたり、天井も凝ったデザインになっていた。しかし残念ながら元々エントランス階になっていない所だけに、天井高さが低くいささか窮屈な感じは否めない。Mr. Michael Edmundsの説明によると、コンピュータ用の配線は、1階の床に穴を明けて地下部分で横引きしていると言う。20年前では当然、コンピュータ配線は考えられていない。コンピュータ端末を利用するデスクは、スキャナーを置いたりいろいろのアダプターを置けるように、幅が1.5mにしてある。現在工事中の左ウイングはそれを1.6mにする予定であるという。デスクの高さも簡単に調整できるようになっている。

道路側外観。これで幅が約3分の1

UNIVERSITY OF BRITISH COLUMBIA

8-10 ブリティッシュコロンビア大学
ワルター・コーネル・ライブラリー

西川 馨

WALTER KOERNER LIBRARY

Data

図書館名	University of British Columbia, Walter Koerner Library
館長名	Catherine Quinlan
所在地	831-1956 Main Mall Vancouver, B.C. Canada V6T 1Z1 Tel 604-822-4250　Fax 604-822-6006
HPアドレス	http://www.library.ubc.ca/
システム内分館数	10
コレクション(システム全体)	図書 3,600,000 (この図書館内 700,000) 定期刊行物 21,200 CD-ROM+データベース 2,500 その他(マイクロ) 4,600,000 オンラインジャーナル+データベース 228
職員数	312人(全学) うちライブラリアン83人、管理・専門職12人 サポートスタッフ217人
コンピュータ	52+25(Hydro Lab)+25(Netinfo only)+35(teaching workstation)　合計 137
貸出点数	システム全体 3,900,000点 この図書館内 1,200,000点
レファレンス数	411,605件/年(システム全体)
年間支出額	26,573,260C$(システム全体)
面積	16,200㎡ (旧セジュウィック図書館9,700㎡、新館6,500㎡)
収容力	43,000m(書棚の長さ)　123,200m(全図書館)
設計者	Aitken Wregelworth Associates with Arthur Erickson
建設費	24,000,000C$
建設年	1996年　1997年1月開館
開館時間	月～金　朝?時～23:00 土・日　朝?時～22:00
その他	名前は多額の資金提供者でもある図書館の後援者の名にちなんだ

　この大学は、カナダで1、2を争う規模の、ブリティッシュコロンビア州立の総合大学である。この図書館はその大学の中心的な図書館として作られたものである。また同時に、ブリティッシュコロンビア州のレファレンス・ライブラリーとしての役割を備えている。

建設の経緯
　これまでのMain Library(この図書館の隣にある)は1925年に建った建築であるが、1930年に右ウイング、1950年に左ウイングを増築していた。1990年の報告書で、すでに収容力が足りなく、古いので機能的でないばかりではなく、消防や、耐震の基準に合致しなくなっていると指摘されていた。

　1991年に新館の敷地を決定し、建築家が選ばれた。1992年～1993年、ライブラリアンと建築家との設計打ち合わせが何度も持たれた。工事予算が限られていたために、将来増築を含んだ設計とした。将来2段階の増築を見込んでいる。

　1995年に着工。1996年新築部分完成。

　1996年、旧セジュウィック図書館から7階建ての新館に図書を移して、セジュウィック図書館の内部の改装に着手。

1997年1月に開館。現在、増築の承認を働き掛けている。

サービスの特色

この大学図書館は基本的には、学生、研究者のニーズに答えるためのものであるが、同時にブリティッシュコロンビア州のレファレンス・ライブラリーの役割を担っている。

このコーネル・ライブラリーは、将来大学のメインライブラリーとなるべく計画された図書館である。現在、人文科学、社会科学コレクション、逐次刊行物、利用の多い分野（例えば英語学、文学、カナダ学、考古学、人類学など）を一括して置いている。また、人文科学、社会科学、政府刊行物、マイクロフォーム、データファイルに関しての、インフォメーションとレファレンス援助ができる態勢を備えている。

また、図書館カードの発行や延滞料の扱いなど、全学図書館の事務手続きをおこなっている。

建築の特色

1925年建設の隣接のメインライブラリーを移すために建てられた。

この場所には、1972年に建てられた、学部学生用のセジュウィック（Sedgwick）ライブラリーがすでに地下2層で存在していた。地形のくぼみを利用して、地下図書館とし、地上面は並木のある広場として開放し、入口はサンクガーデンから地下2層目に入るようになっていた。その既存図書館の最奥部に新館の敷地を設定し、地下で既存図書館と接続し一体化している。

新築部分は平面的に細長い形をしているが、将来増築して完結した時の形は平面的にほぼ正方形に近くなる（模型写真参照）。さらにその建物の左右に一回り小さい形の2棟が建設予定となっている（模型参照）。従来、地下2層目にあった入口を、新館

完成予想模型。現在は中央の建物の手前側約4分の1が完成している

の1階に移したために、学生たちはしばらく戸惑っていたと言っていた。入口のある正面は北西面になるらしい。正面の総ガラス面にガラスの縦ルーバーがついているが、説明によると直射日光を遮蔽するためのものであるという。

　1997年にブリティッシュコロンビア州の図書館協会から、機能性と優れたデザインを達成したということで、図書館建築賞を受けている。

　建築家は、少なくともあと2回の増築を必要とした設計とした。増築により、増え続けるプリントコレクションのスペースは勿論、最新の学習装置、電子コレクションにアクセスするためのコンピュータ・ワークステーション、さらに、セジュウィックにあったラウンジ的なスペース、交流スペースを設ける予定である。さらに、旧メインライブラリーに残したままになっている図書を引き取らなければならない。

　コーネル図書館に図書を移したことによって、旧メインライブラリーが少しゆとりができていくつかの改造をおこなった。1925年当初閲覧室として作られた、木造の天井の高い部屋を、特別なイベントを行う記念的な美しいホールとして再現した。その他、貴重書の保存環境を整備したり、利用者の出入りを1個所管理に作り変えたりした。
（以上、図書館から理事会へのレポート1996-98より）

　最初に古いメインライブラリーを訪問した私達は、50メートルぐらいの距離を隔てて相対する、総ガラスの美しい建築に皆競ってカメラを向けた。それがわれわれの行くコーネル・ライブラリーなのであろうと、その内部の見学を大いに期待したものであったが、実は奥行きの小さい屏風のような建物であった。

　Ms. Sheryl Adamの案内で館内を見学する。1階は小さなエントランス

入口側からの外観

1階入口右手のインフォメーションデスクと、その横の検索用コンピュータ・スペース

ホールで、右手がインフォメーションデスク、左手がサーキュレーションデスクになっている。インフォメーションデスクの横には、15台ほどのコンピュータが置かれていて、検索用に使えるようになっていた。しかし、なんと言っても、あまり広い感じではない。暫定的と言うことで仕方がないのであろう。完成すれば広くなるに違いない。

2階から6階までは、びっしりと詰められた開架の書架が続く。両側の窓際に1列に閲覧机がある以外は、閉架書庫と変わらない形をしている。ただし、両窓際がほとんど全面ガラスであるから、階段室も含めて大変明るい。7階は、中枢管理部門になっており、事務作業室は地下1階にある。この最上階の階段室は壁、天井ともガラスで、見晴らしも良くなかなか魅力

上階の北側、窓際キャレル部分。朝早かったのでまだ誰もいない

的なスペースである。

この階段室に置かれている建築の完成模型を見せられて、私達は初めて、今見てまわっている建物が完成予定の4分の1程度に過ぎないことを知らされた。

以前は学生のための閲覧席や談話室が散在していた地下2階と、玄関

ホールや事務室のあった地下1階は、現在はその広大な面積のほとんどが開架の書架で埋め尽くされている。地下1～2階を結んであった大きな階段も取り去られている。

地下1階の返却作業室には、1階の返却ポストから螺旋状のスライダーとベルトコンベアーを滑って、本がひとりでに降りてくるようになっている。コンピュータの配線のために、館内は光ファイバーが張巡らされているという説明であった。

地下部分のサンクガーデンに面した窓際は、閲覧席や事務室になっているが、閲覧席の一番奥に、VERY SILENT STUDY ROOM（絶対静粛閲覧室）と書かれた大きな読書室が設けられていたのが皆の注目を引いた。

館内の家具、内装ともデコラティブではないものの、洗練された堅実なデザインに見うけられた。

暫定的ということであろう。内部は、詰められるだけ詰めたという感じで、取りたてて魅力的な部分は見うけられなかった。全体が完成した時の姿に期待をしたいと思う。

最上階階段室。ガラス越しに真中に見えるのが、これまでの中央館のメイン・ライブラリー

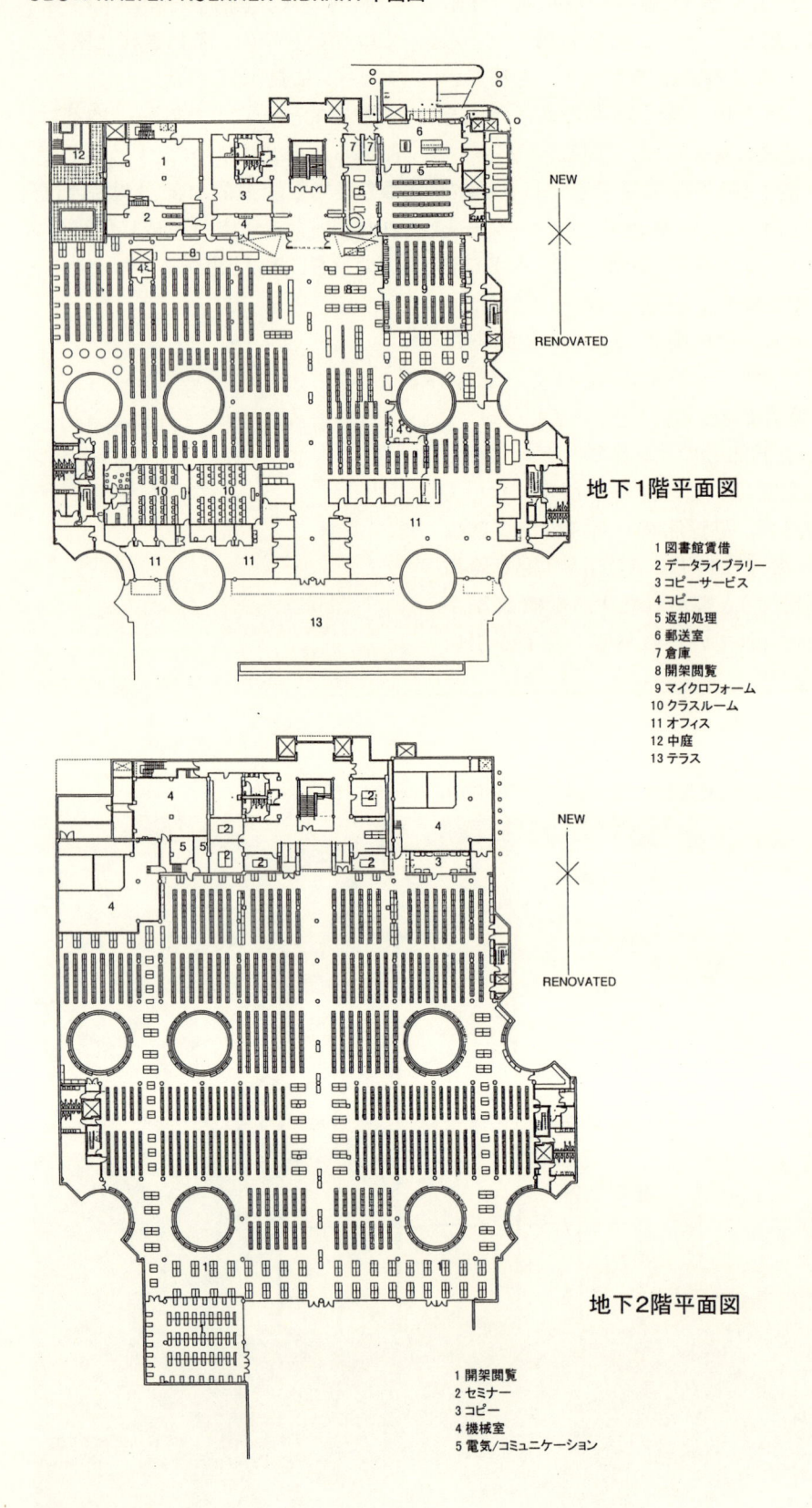

UBCのWALTER KOERNER LIBRARY平面図

地下1階平面図

1 図書館賃借
2 データライブラリー
3 コピーサービス
4 コピー
5 返却処理
6 郵送室
7 倉庫
8 開架閲覧
9 マイクロフォーム
10 クラスルーム
11 オフィス
12 中庭
13 テラス

地下2階平面図

1 開架閲覧
2 セミナー
3 コピー
4 機械室
5 電気/コミュニケーション

5階平面図

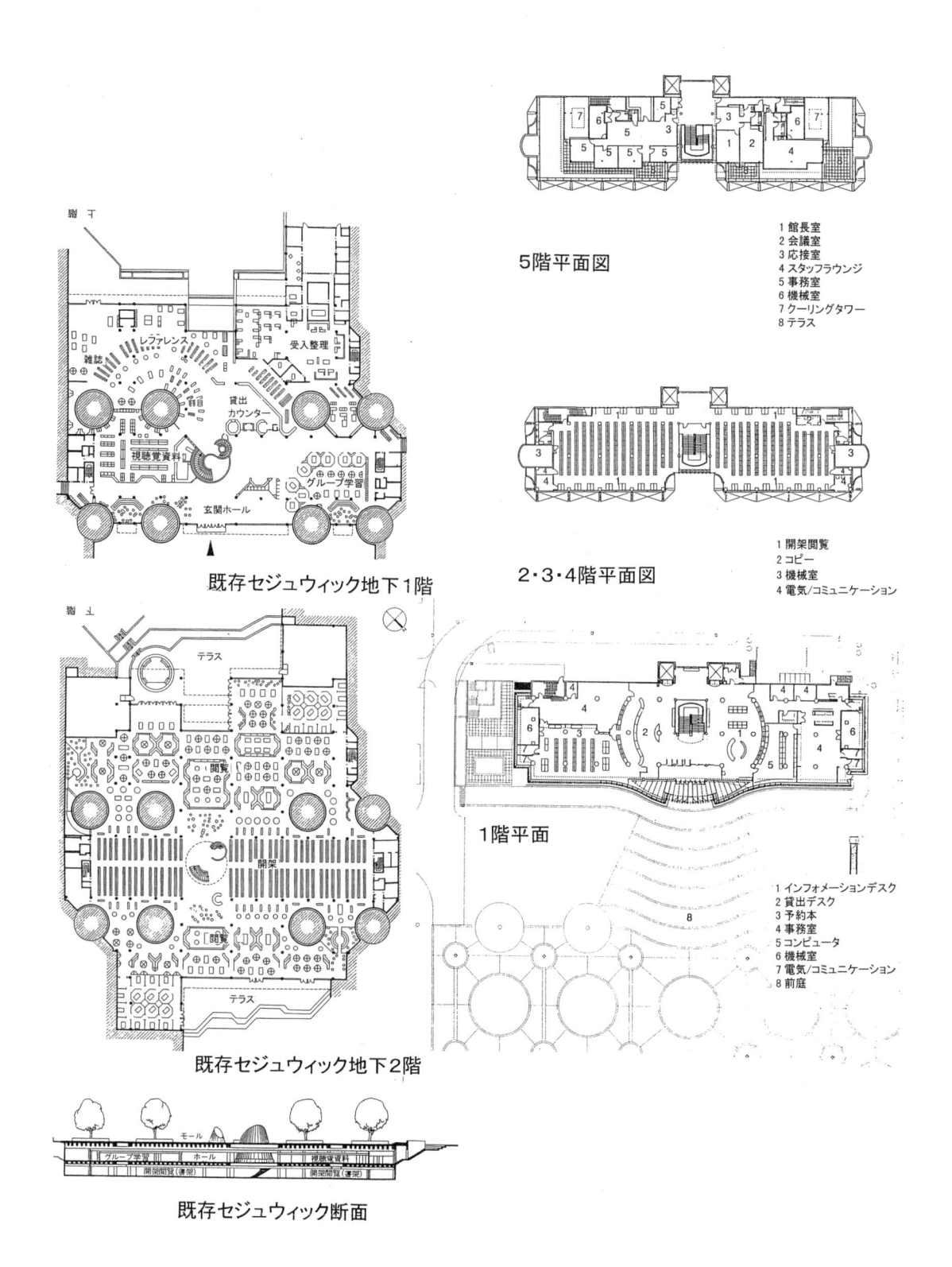

1 館長室
2 会議室
3 応接室
4 スタッフラウンジ
5 事務室
6 機械室
7 クーリングタワー
8 テラス

2・3・4階平面図

1 開架閲覧
2 コピー
3 機械室
4 電気/コミュニケーション

既存セジュウィック地下1階

既存セジュウィック地下2階

既存セジュウィック断面

1階平面

1 インフォメーションデスク
2 貸出デスク
3 予約本
4 事務室
5 コンピュータ
6 機械室
7 電気/コミュニケーション
8 前庭

Copyright: Aitken Wregelworth Associates with Arthur Erickson

8-11 その他の訪問館

Toronto Public Library, North York Central Library
ノースヨーク・セントラル・ライブラリー

阿部明美

　ノースヨークは1998年1月にトロント首都圏の広域合併により、メガシティ・トロントに編入された6自治体の一つで、旧トロントの郊外にある。行政は合併による大変革の途上にあり、図書館も6自治体それぞれ別々に運営されていた図書館が、The Toronto Public Library(TPL)として一つに統合され全98館の「アメリカ大陸最大の図書館システムの一つ」(2 reference libraries, 17 district libraries, 79 neighborfood libraries)となった。統合されたとはいえ、98もの図書館が同じシステムとして動くことは容易ではなく、人事や組織の改編、図書の発注等の業務の改善や効率化がいくつか行われたものの、統合の効果は「まだまだこれから」ということだ。

　特にノースヨークは、トロント・レファレンス・ライブラリーと並ぶReference Libraryであり中心的な図書館の一つ。旧ノースヨークのフクロウをデザインしたマークが、「本当はもうなくなってしまったのですが」(と館長)館内のあちこちに存在し続けている。旧ノースヨーク時代からのものである利用案内を初めとする各種印刷物は大きさや形状も統一されよくデザインされている。2色刷り、単色刷りでも活字や色がシリーズごとに統一されていて、美しくわかりやすいものだ。

　建物内部は吹き抜けの6階で構成されており、各フロアの主題構成は以下の通り。

6階　カナディアーナ(TPLの特別コレクションの一つ)
　　　※大発見時代からのカナダ、オンタリオ州、ノースヨーク地域の資料を集めたもの
5階　サイエンス＆テクノロジー
4階　ビジネス
3階　社会科学、歴史、リクリエーション(旅行案内書を含む)
2階　文学　多言語資料　芸術
1階　児童　YA(The HUBという愛称を持つ)　マルチメディアコーナー(GATE WAY SERVICES表示)
地階　閲覧室(Study Hall)

　各階にフルタイムの司書7名及び事務職員3名の計10人以上(下の階にいくほど面積が広がり職員が増える)配置され、窓口はフロアごとにシフトを組んで運営されている。勤務のシフトは9:00〜17:00／12:30〜20:30。勤務時間の半分をカウンター業務、半分をスタッフルームでの仕事にあてるそうである。

Calgary Public Library, Fish Creek Library
カルガリー・フィッシュクリーク・ライブラリー　稲垣房子

　案内してくださったのはSusan Beattyさん(Customer Service Manager, Fish Creek Library)。きびきびとした説明がこの明るい建物とマッチしている。白いピラミッド型の建物は、ロッキー山脈を背景に持つ町として、印象深い。ショッピングセンターが隣接した立地条件がよく、非常に利用が多い。
　カルガリー市の図書館は中央図書館と3つのランクに分類される16の分館図書館で構成されている。フィッシュクリーク分館は中央図書館の次に高いランクのエリア図書館に位置付けられている。1985年開館。延床面積4,180㎡。人口はこのエリアで13万人で、そのうち55,000人が登録している。年間貸出冊数は190万冊。職員数は40名(うち司書は4名)で、レファレンス部門に8名、貸出部門に8名配置している。蔵書数は30万アイテムあり、オーディオビジュアルやCD-ROM多言語資料など多様な資料、学術書・レファレンス図書なども充実している。利用の40%が児童関係である。蔵書の内の児童書割合は、図書が約8万冊、その他音楽テープ、読書用テープ、ビデオなど各1,000本近くある。お話会などのプログラムも多く催されているが、成人、シニア向けのプ

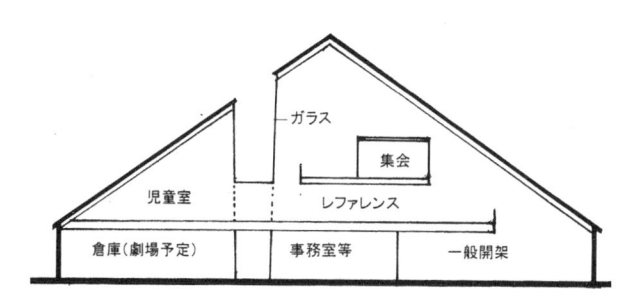

断面略図

カルガリー市立フィッシュクリーク分館。ランドマークとなるピラミッド型の図書館

ログラムも用意している。地域としては高齢化が進んでおり、サービス面ではその点を考慮していかなければならない。インターネット端末は3台あり、16台に増やす予定。

建築計画は1979年にスタートし、図書館評議会(Library Board)と図書館と市民が作ったシティグループで、ブランチ・ディベロップメント・アクションコミティー(Branch Development Action Commity)という委員会をつくった。他の図書館も見学し、規模やサービス内容について調査を重ねた。政治家にも会って話を聞いた。まず、ランドマークとなり、規模が大きく、未来を見とおした建築物でありたいと考えられた。この地域に図書館があればどんなサービスができるか、見とおしを立てるために、まず小規模(720㎡)図書館をオープンした。ライブラリー・プラザとして、よく利用され、成功したと思われる。計画段階の1970年代はカナダの経済は上向きであったが、1980年になると、カナダの経済にかげりがでてきた。政治家や市民と常に相談しながら、現実的な案に修正していった。プロポーザル方式で、ライブラリーボードで決定した。図書館建築としては、大変ユニークなピラミッド型であった。その案では、ピラミッドを二つに分割し、その中に劇場を組み込んでいた。市民の使える劇場(図書館の閉館中も使える)が欲しかったので、その点も採用された理由であった。色々な事情があり、最終段階で建築家が変更になった。1985年に開館した。劇場は途中まで工事が進んでいたが、結局使われずに、現在は倉庫になっている。

1995年に大改装した。改装時の建築家は地元のジャネミー・スタテスという。10年の間に人口も利用者も随分増えた。入口を1階に移し、車椅子やベビーカーも入りやすくなった。1階のカウンターを貸出・返却専用にした。ワークルームも1階なので、職員の動きが良くなった。利用者を2階に導く階段が重要なアクセントになっている。レファレンスは以前1箇所だったのを、成人用(1階)と児童用(2階)を分けて使いやすくなった。3階は1995年の改装時に作り、現在は集会室として色々なプログラム(地域の人の集会やお話会)に使っている。今後、使い道が広がると考えられている。安全のために、子どもがいるときは必ず誰か大人がそばにいるようにしている(転落の危険防止)。

児童室は以前1階だったが、子どもの声が上階に反響するなど、騒音の問題もあったので、ピラミッドの小さい方の2階に移された。屋根裏のようで、窓がないが、インテリアが工夫されている。書架は高さ100cmほどで、低く押さえてあるので、広さもかなり確保できており、閉鎖的な感じはしない。壁面はクリーム色、鉄骨剥き出しの天井は濃紺だが、赤い布に黄色や緑の太陽・月・星のアップリケの内装で、ポップな雰囲気がでている。照度も充分な気がする。児童室と同じフロアにヤングアダルトのコーナーがあり、ビデオやペーパーバックが豊富に並べられている。

改装時に、全館を開放的で、カラフルな内装にした。カウンターも機能により、赤、黄、青などくっきりと色彩が分けられている。利用者が自分の位置を確かめるにも、カラーが大切な役割を果たしている。たっぷり取りこまれた太陽光線が、さまざまなカラーを反射して美しい。

索 引

アルファベット配列

Annex Room	47
ATLUS	152
Baker & Tyler 社	80
Business Annex	47
CCL(Canadian Children's Literature)	29
Closed Captioned Materials	72
CNIB	71
Connecting Canadians	55
County Library	23
Dynix システム	82
ESL(English as a Second Language)	57 62
Free Library Act(無料図書館法)	17
Horizon	82
InfoAction	48
Information Technology	52
InterLINK	50 146
Internet Cafe	54
Job サービス	46
Library Act	16
Library Board	16
Library Federation	23
Literacy, English as a Second Language	73
MARC	80
Marion Thompson Collection	29
NOTIS	82
Online Kiosk	146
Online Web Library	42
Raymond Moriyama	40 102
Regional Library Districts	23
RPL2001	87
Telephone Device for the Deaf	72
The Canadian National Institute for the Blind	71
Thomas Fisher Rare Book Library	153
Treasure Trunk	36
UBC(ブリティッシュコロンビア州立大学)	32
Union Board	23
VTLS(Virginia Technic Library System)	43
Web Browser	54
Worldvue	42

五十音配列

あ行

アウトソーシング・カンパニー	80
アサバスカ氷河	11
インターネット・サーチング	42
インターリンク(InterLINK)	24 85
英語が読めない人へのサービス	73
延滞料	21
大活字本	72
オズボーン・コレクション	32 33 34
音訳図書(Talking Books)	72

か行

開架化	70
カウンティ・ライブラリー(County Library)	23 24
学習障害	71
梶原由佳	34
カナダ視覚障害者協会(CNIB)	71
機会均等原則	55
貴重書図書館	153
貴重書友の会	155

クラーク(Clerk)	25	登録料	35
グリフォン像	33	土佐征子(Tosa Yukiko)	28 30 31 32 49
建設組織図	86	図書館間貸出(Interlibrary Loans)	50
建築計画書	85 93	図書館友の会	77
広域ライブラリー・システム	23	図書館予算	21 22 139
高齢者サービス	74	図書館連合(Library Federation)	23
コールバック	82		
コンサベーション・タブ	44		

な行

ナイヤガラ・オンザレイク	8
二言語二文化政策	64

さ行

財政の逼迫	56
自走式垂直搬送装置	130
自宅配送	73 138
自治体図書館	24
自動貸出機	69 82
住民投票	18 84
障害のある学生のためのサービス	74
少数派言語	14
少年少女の家	33 65
情報技術	52
スカイウォーク	120
静粛読書室	54
セジュウィック図書館	157
選書	139

は行

バーチャル・レファレンス・ライブラリー (Virtual Reference Library)	42
パフォーマンス・アート	45
ビクトリア公園	11
ビジネス情報センター	46
ヒートロス(熱損失)	110
病気・健康情報サービス	46
ファラッシュ・カード	34
フォーカス・グループ(意見集約グループ)	134
ブック・ディテクション(BDS)	67
ブックポストの工夫	70
プランニング・スタディ	85
ブリーズソレイユ(日除けルーバー)	110
ページ(Page)	25
返却カウンター	130
返却作業室	161
返却ポスト	161
北米圏書誌ユーティリティ	80
補助金	20
ボランティア	73
香港返還後	37
ホーン・ブック	34

た行

多言語	63
多文化	37 63
多文化サービス	37
多文化主義法	13
地下図書館	158
直接民主主義	18
著作権	139
つながっているカナダ人たち	55
ディジタル・ディバイド	58
適応技術資源センター(ATRC)	74
電話・インターネットによる自動延長手続き	69
電話による自動連絡システム	68

ま行

みわ子 Kendlbacher	153

メガシティ	40
メガシティ・トロント	164
メザニン階(中2階)	111
目録入力支援	82
モザイク都市	14

や行

有料レファレンスサービス	48
ユニオンカタログ	43
ユニオン・パブリック・ライブラリー	23
ユニオン・ボード	23
ユニオン・ライブラリー	24
予約本(HOLDS)	67

ら行

ライブラリアン(Librarian)	25
ライブラリー・テクニシャン(Library Technician)	25 27 31 49
ライブラリー・ボード	15〜20
ライブラリー・リソーセス	42
螺旋状のブック・スライダー	161
リサーチガイド	43
リージョナル・ディストリクト	19
リージョナル・ライブラリー(Regional Library)	24
リージョナル・ライブラリー・ディストリクト	23
利用者教育	44 60
リリアン・H．スミス	27
リリアン・H．スミス図書館	65
リリアン・H．スミス分館	33
リリーフェルト・まり子	66
レイモンド・モリヤマ	40 102
連合 →図書館連合を見よ	
連合ライブラリー・ボード	23
聾唖者サービス(TTY)	72

EYE LOVE EYE	視覚障害その他の理由で活字のままでこの本を利用できない人のために，営利を目的とする場合を除き「録音図書」「拡大写本」等の製作をすることを認めます。その際は著作権者，または，日本図書館協会までご連絡ください。

住民が運営する住民のための図書館
カナダの図書館

2000年10月20日　第1刷発行Ⓒ

定　価 = 本体2,000円（税別）

編　者　　西川　馨

発　行　　社団法人　日 本 図 書 館 協 会
　　　　　東京都中央区新川1丁目11-14　〒104-0033
　　　　　電話 03（3523）0811

印　刷　　阿部写真印刷株式会社

表紙デザイン　渡辺 美知子

本文組版　　　大島 幹子

JLA 200031　　　　　　　　　　　　　Printed in Japan

ISBN4-8204-0024-X

やはり図書館は人々に求められています。

●内容目次●

◆アメリカ社会に役立つ図書館の12箇条
①図書館は市民に知る機会を提供します②図書館は社会の壁を打ち破ります③図書館は社会的不公平を改めるための地ならしをします④図書館は個人の価値を尊重します⑤図書館は創造性を育てます⑥図書館は子どもたちの心を育てます⑦図書館は大きな見返りを提供します⑧図書館はコミュニティを作ります⑨図書館は家族のきずなを強めます⑩図書館は一人ひとりを刺激します⑪図書館は心の安息の場を提供します⑫図書館は過去を保存します
◆インフォメーション・スーパーハイウェイの公平利用について─その問題点と可能性─ほか

21世紀の図書館が指向するものは何か。コンピュータ化の進展、利用者の要求の多様化を前にして、わが国では、どの程度、図書館の役割、必要性が理解されているだろうか。ALAが発表した「アメリカ社会に役立つ図書館の十二箇条」の訳文を柱に、新たな共通理念に基づいた図書館像確立を示唆する好著。

図書館のめざすもの

編集・翻訳■竹内 悊
★B5判変型／63ページ ●定価：本体950円（税別） ISBN4-8204-9709-X

社団法人 日本図書館協会　〒104-0033　東京都中央区新川1-11-14　TEL:03-3523-0811（代表）
出版販売　TEL:03-3523-0812　FAX:03-3523-0842　振替00100-1-9375

最新用語を追加した改訂版。

図書館用語集 改訂版

ISBN4-8204-9606-9

よく分かる
現場の図書館員や司書講習・課程受講者を対象に、採録する用語を厳選し、解説文に平易な表現を用いて編集。用語に適切な定義を与えるだけでなく、用語を整理、系統化し、一般的な使用のされ方を解説。図書館学を学ぶ際の参考書として役立つように配慮。

すぐ探せる
約2800語の図書館関係用語を採録することにより、新たに確立した分野を含めた広範な用語の検索に対応。見出しとなる用語は約800項目にまとめ、関連語を同一項目中に整理して学習できるように構成し、必要な項目に対しては付録を参照として付けている。

★日本図書館協会用語委員会 編　B6判変型／450p　●定価：本体2,500円（税別）

社団法人 日本図書館協会　〒104-0033　東京都中央区新川1-11-14　TEL:03-3523-0811（代表）
出版販売　TEL:03-3523-0812　FAX:03-3523-0842　振替00100-1-9375

JLA図書館情報学 テキストシリーズ （全13巻）

●シリーズ編集●
塩見昇　三浦逸雄　柴田正美　小田光宏
B5判・並製　約260頁（50ユニット）／約150頁（25ユニット）

〔定価：税別〕

1	図書館概論　新訂版　塩見昇編著	〔50ユニット〕 1,800円
2	図書館経営論　糸賀雅児編著	〔25ユニット〕 1,200円
3	図書館サービス論　森智彦編著	〔50ユニット〕 1,800円
4	情報サービス概説　小田光宏編著	〔50ユニット〕 1,800円
5	レファレンスサービス演習　大串夏身編著	〔25ユニット〕 1,200円
6	情報検索演習　戸田愼一編著	〔25ユニット〕 1,200円
7	図書館資料論　馬場俊明編著	〔50ユニット〕 1,800円
8	専門資料論　三浦逸雄編著	〔25ユニット〕 1,200円
9	資料組織概説　柴田正美著	〔50ユニット〕 1,800円
10	資料組織演習　吉田憲一ほか著	〔50ユニット〕 1,800円
11	児童サービス論　堀川照代編著	〔25ユニット〕 1,200円
12	図書及び図書館史　小黒浩司編著	〔25ユニット〕 1,200円
別巻	図書館員のための生涯学習概論　朝比奈大作編著	〔25ユニット〕 1,200円

日本図書館協会に入会しませんか？

司書を目指して勉強中のみなさん、図書館に関心のあるみなさん、私たちと一緒に図書館界を盛り上げていきましょう。㈳日本図書館協会ではこれからの活動をパワフルに進めてくれる若い力を求めています。

今、日本図書館協会では約6800名の個人会員と約2800の施設会員が活動しています。しかし、より力強い活動を展開していくためには、もっと多くの力が必要です。日本図書館協会に入会し、司書や図書館活動に関する問題や疑問を、力を合わせて解決していきましょう!!

日本図書館協会に入会すると…

1. "図書館雑誌"をお届けします

    最新の情報と日々の活動に必要な特集記事が豊富に掲載されている"図書館雑誌"を、毎号郵送にてお送りします。ただ読むだけの雑誌ではなく、会員のみなさんの投稿で作られるページ"としょかんCHATTERBOX"や求人・求職者のための情報ページ"こくばん"もあります。

2. 協会出版物を割引額で購入いただけます

    『図書館ハンドブック』『日本十進分類法』など、協会出版物が1割引となり、送料も無料です。"図書館雑誌"に会員専用の郵便振込用紙を綴じ込んでいます。こちらをご利用いただければ、手数料は無料です。

現在大学等で図書館学を受講されている学生さんには、特別に**購読会員**という会員制度も用意しています。詳しくはお問い合わせください。

● **年会費** 個人会員 9,000円／購読会員 8,000円
（2000年4月〜） 施設会員 A 50,000円／B 37,000円／C 23,000円

入会案内をお送りしています。ご希望の方は下記までお申しつけください。

《連絡先：日本図書館協会・会員係 ☎03-3523-0811》

http://www.jla.or.jp